JN290882

手作りドレスでウェディング

wedding dress

月居良子

文化出版局

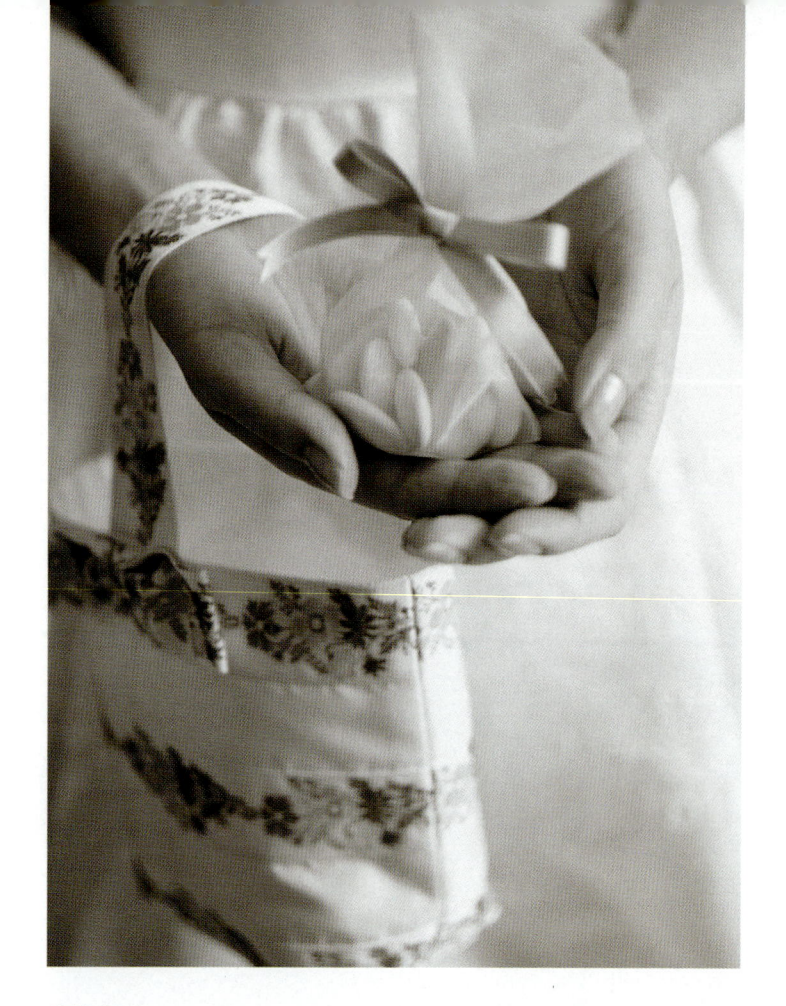

はじめに

女性なら一度は着てみたいドレス、それはウェディングドレス。結婚式が決まった人もまだの人も、見ればワクワクドキドキする、そんなドレスでもあります。私自身は残念ながら時間がなく、手作りできませんでした。その残念な思いを込めて次々に浮かぶデザインをまとめたのがこの本です。
花嫁の輝きを引き立てるようにデザインはシンプルなものばかりにしましたので、ソーイングに慣れていない人でも必ず作れると思います。素材は本と同じでなくても、同じような雰囲気の生地で作れば問題はありません。24点の作品のうち披露宴用にと作った作品はわずかですが、好きなデザインを好きな色や素材に置き換えて披露宴用のドレスも作ってください。仕立てが楽なように、またいろいろ組み合わせられるようにトップとスカートを分けたデザインは、トップだけきれいな色で作れば簡単にお色直しドレスにもなります。
式の日取りが決まったら早速取りかかってください。でも焦らずその日のために丁寧に縫ってください。そしてどこかに刺繍やビーズをプラスすることで自分らしさを出して、世界でほんとうに一枚の最高のドレスを着て幸せな花嫁になってください。

月居良子

contents

how to make

- a 花モチーフケミカルレーストップ＆ベール 4 50
- b シフォンジョーゼットギャザースカート 4 50
- c 上品リボンのサテンマーメイドドレス＆ベール 6 54
- d ネックラインが優しいコード刺繍スカートの6分袖ドレス＆ベール 8 57
- e h 華やかチュールのビュスチエとボレロ 10 13 60
- f ふわふわチュールスカート 11 64
- g サテンのマーメイドスカート 12 63
- i レトロなリボンが優雅なローネックラインドレス＆ベール 14 66
- j 華やかビーズオーガンジーの長袖ドレス＆ベール 16 69
- k l スカラップがかわいいブライダルレースのツーピース 20 72
- m ビーズ飾りのキャミソール＆リングクッション 22 75
- n 桜色のお色直しドレス 23 76
- o p ハッピーブルーリボンのスクエアネックツーピース＆バッグ 26 79
- q リボン刺繍布のキャミソール＆バッグ 30 83
- r 胸もとレースのマーメイドドレス＆手袋 32 85
- s t シャンパンゴールドのビュスチエとギャザースカート 34 87
- u ローネックラインのジャカードスリムドレス＆ベール 36 90
- v 花びらフリルのAラインドレス＆バッグ 38 94
- w x キャミソールとマーガレットオーガンジースカート＆ガーターベルト 40 96

- 43 まず採寸をしましょう
- 43 花嫁のインナーについて
- 43 仮縫いの前に知っておきたいこと
- 44 仮縫いと補正
- 46 縫い方ポイント
- 49 縫い始める前に

※一部、スカートやひもなどは実物大パターンがありません。本文に製図が掲載されています。

a b

愛らしいレースのトップ a は優しく腕を包んでくれるオフショルダー
ネックラインにはレースモチーフをカットして並べ、より愛らしく
格別に美しいドレープのスカート b にはシフォンをふんだんに使って
黒のヘアバンドにトップと同じレースをつけたベールは、ノーマル丈のフィンガーティップタイプ page50

aの布地、手袋／オカダヤ　bの布地／ユザワヤ

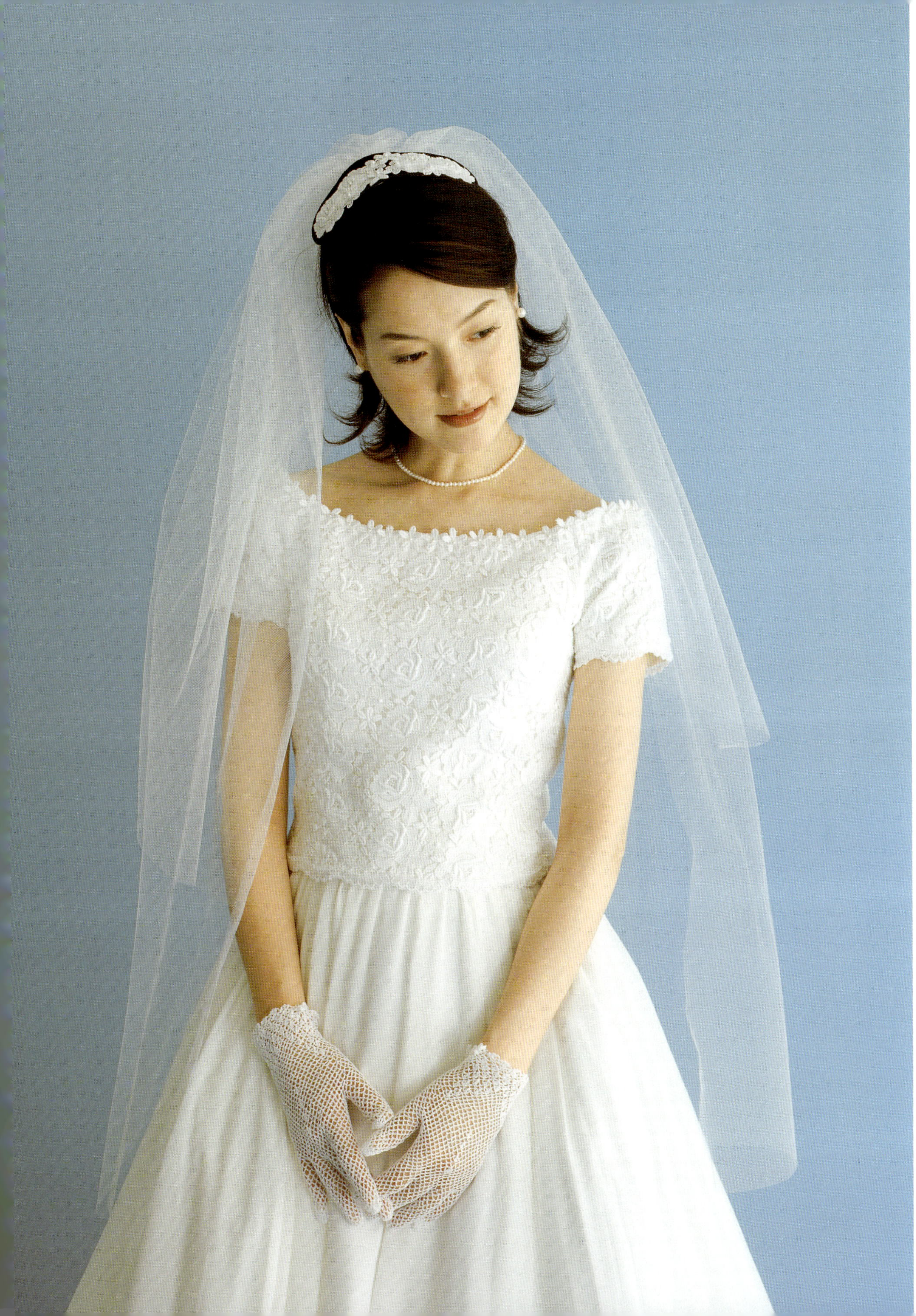

ハイウエストのほっそり見えるドレス C
後ろ姿は三角まちのフィッシュテールの裾が華やかなデザイン
胸と後ろの切替え位置には小さなリボンを結んでかわいらしく
ドレスと同じリボンをつけた手作りならではのベールは
少し短めのエルボータイプ page54

布地／ユザワヤ　手袋／オカダヤ

C

d 首筋をきれいに見せるネックラインと6分袖が清楚なドレス d
コード刺繍布のスカートはまあるいふくらみを持たせたあこがれのお姫様風
ベールは長くトレーンを引くカテドラル丈 page57

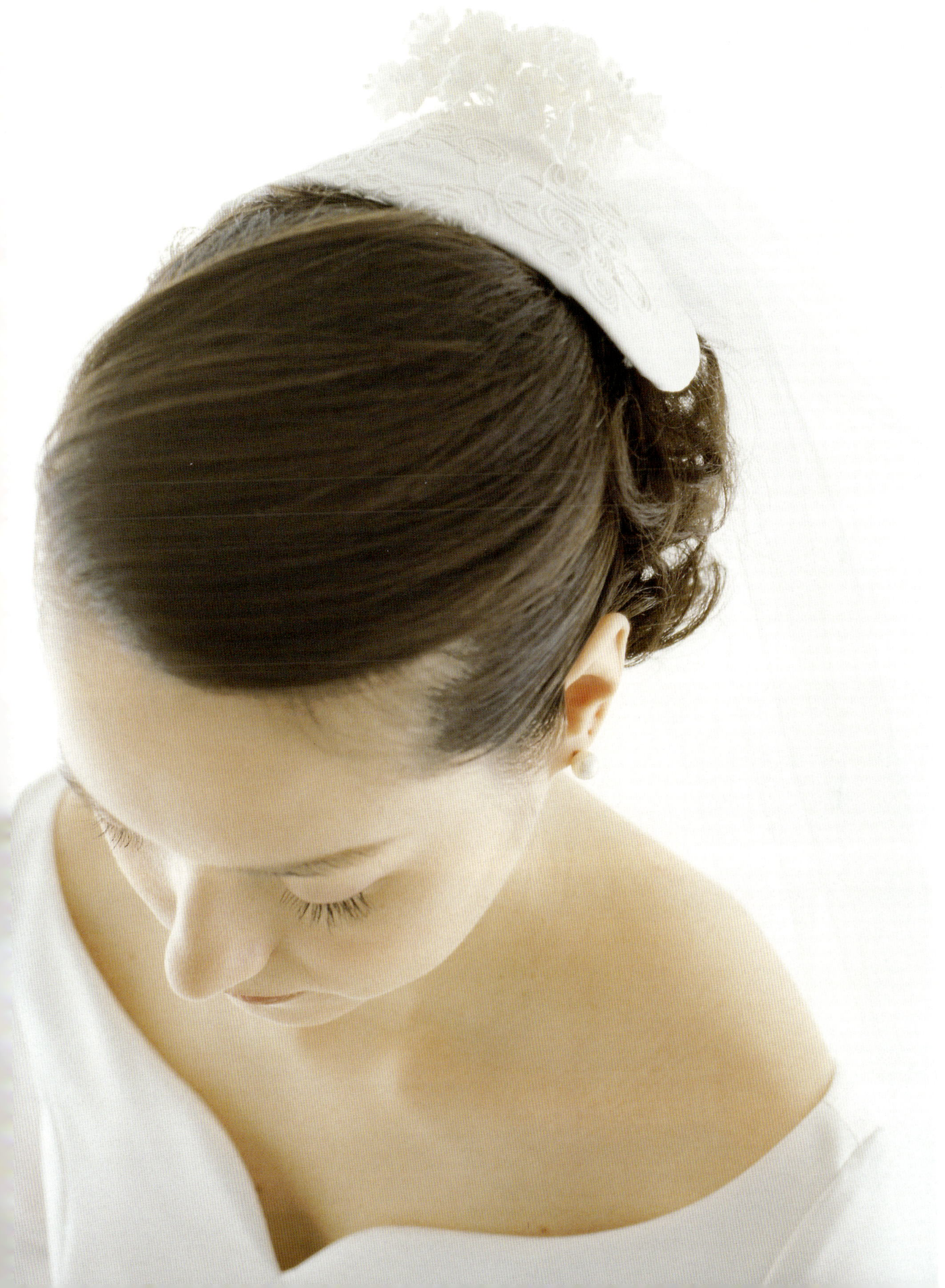

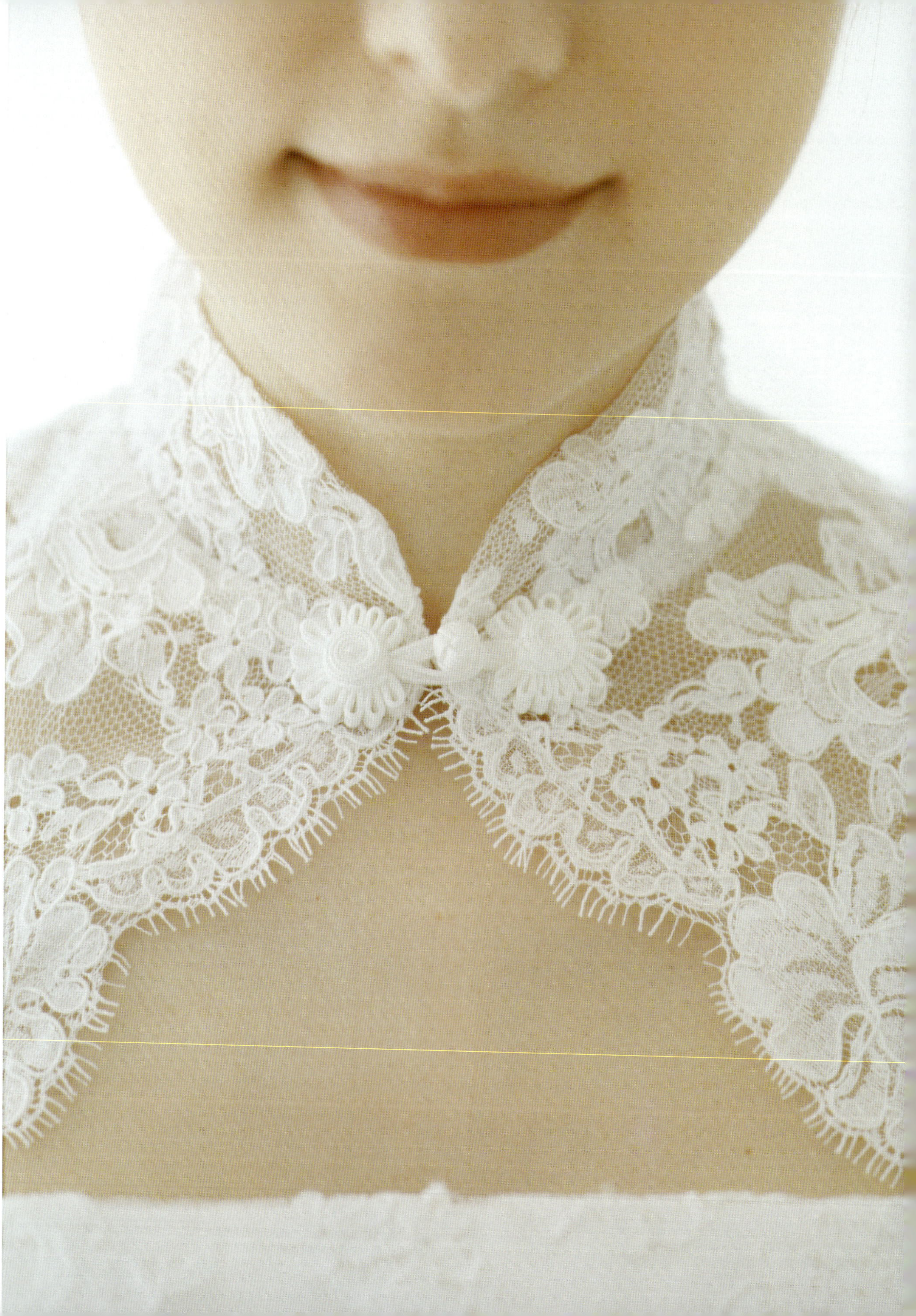

ef

華やかなチュールコード刺繍のビュスチエ e に
チュール4枚重ねのふわりと広がるスカート f が
上品なセパレートタイプ page60、64

eg

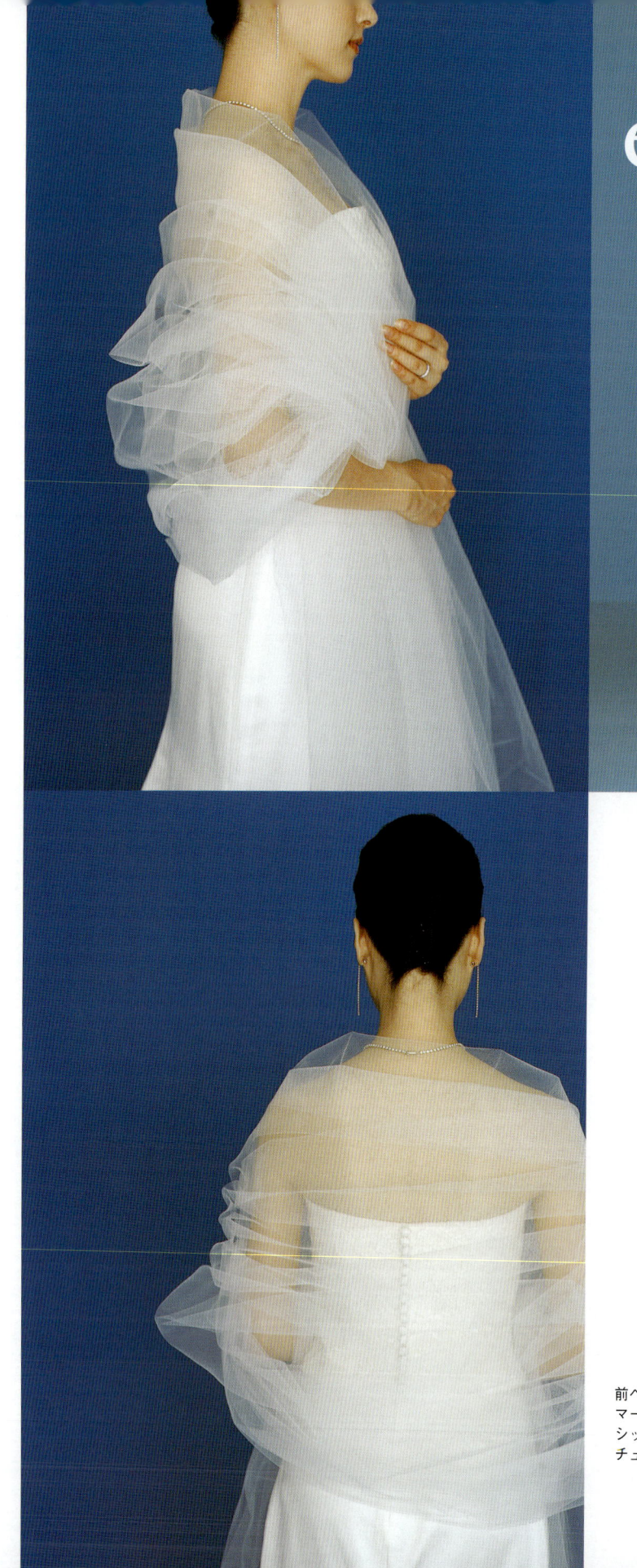

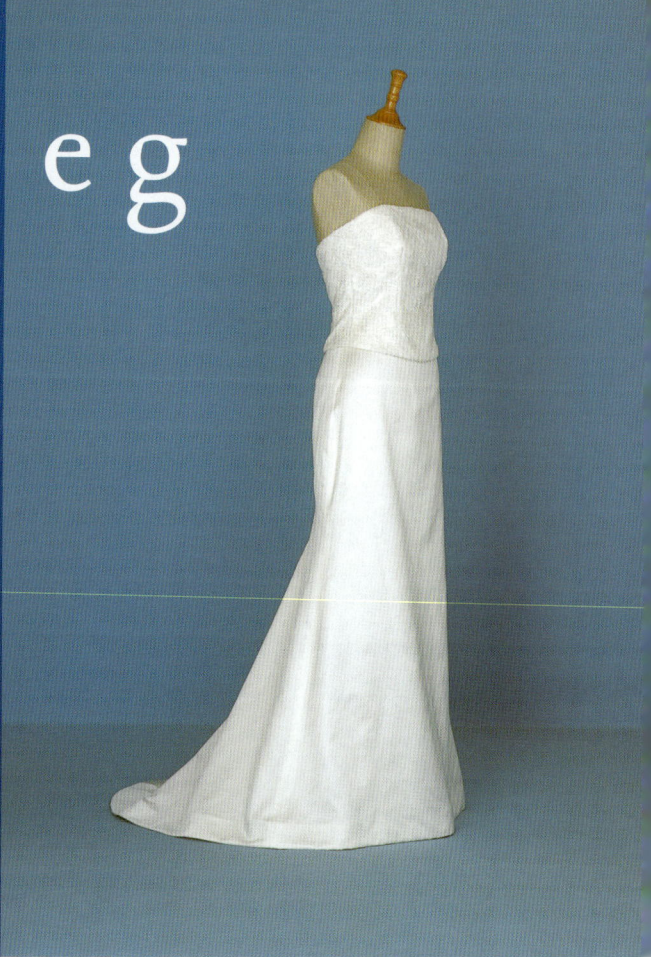

前ページと同じビュスチエeも
マーメイドラインのほっそりしたスカートgと組み合わせると
シックでエレガントに
チュールのショールで雰囲気を変えて披露宴へ page60、63

e、hの布地／孝富　fの布地／オカダヤ　gの布地／ユザワヤ

e h　ビュスチエeと同素材のボレロhは袖口がベルのような貴婦人風シルエット page60

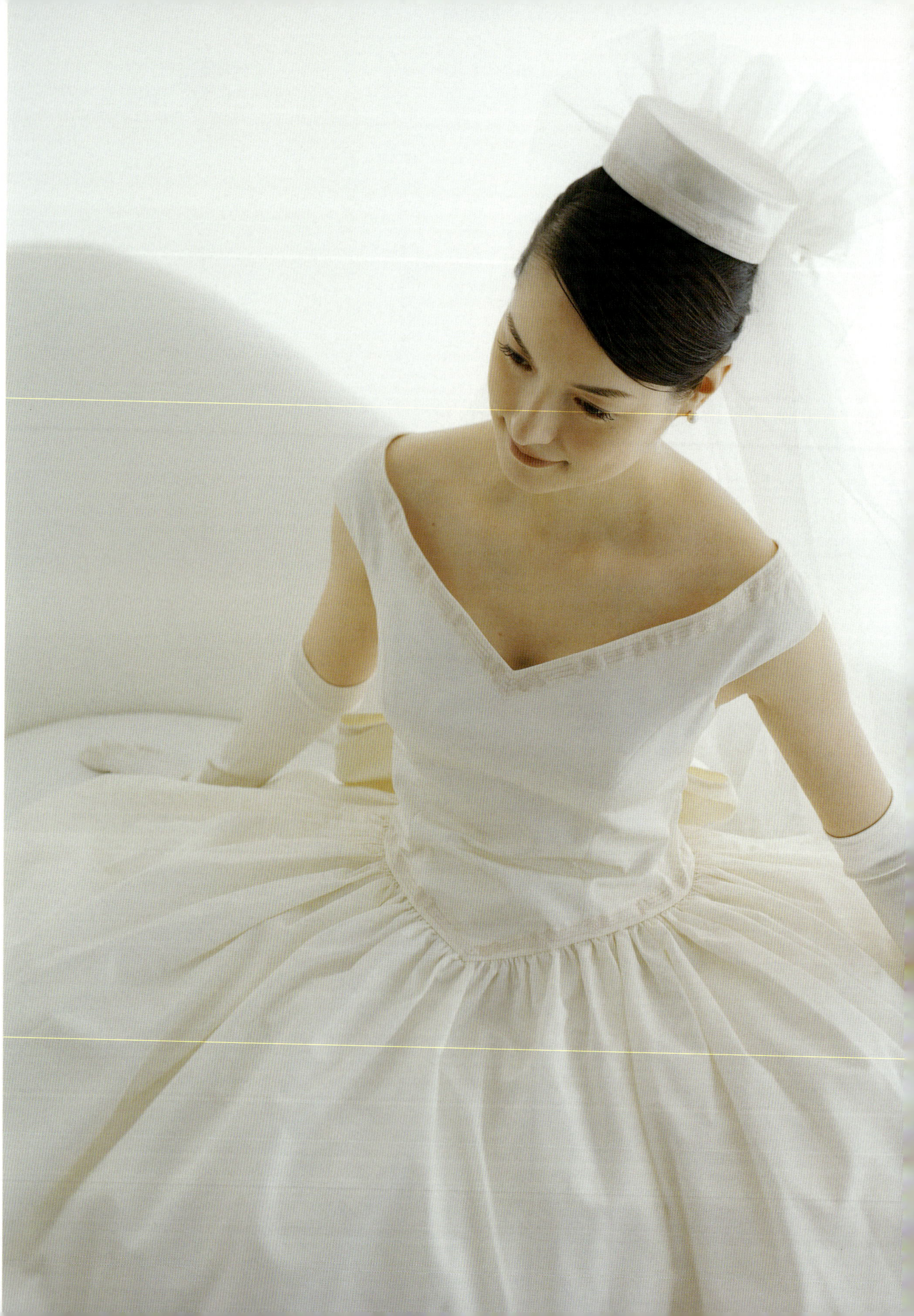

i　大きくあいた衿ぐりやウエストラインにつけたレトロなリボンがなんとも優雅なドレスi
三角形に切り替えたバスクウエストはウエストラインをほっそりと見せてくれます
小さなトークにつけたベールはもちろん手作り page66、93

布地、手袋／オカダヤ

j

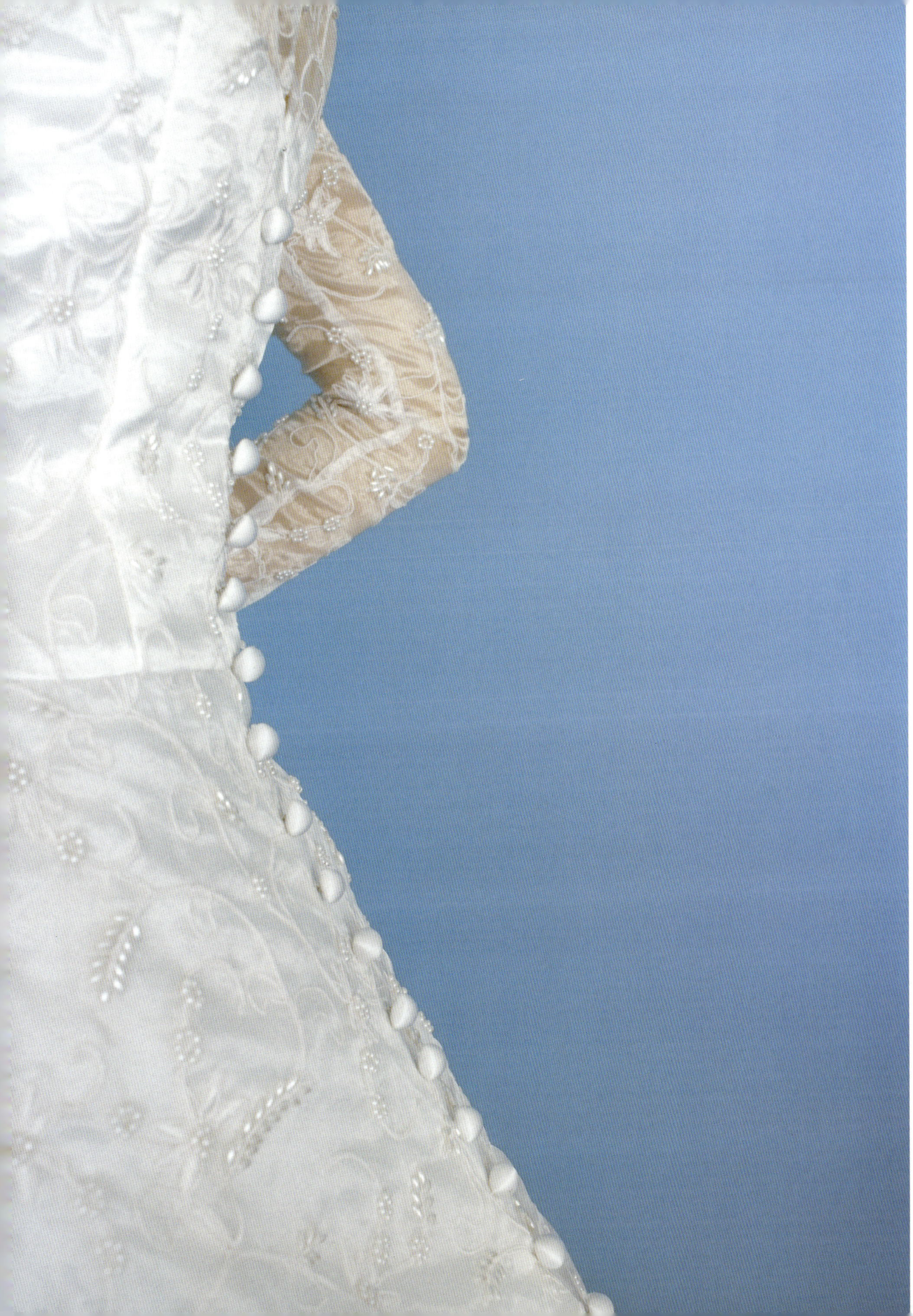

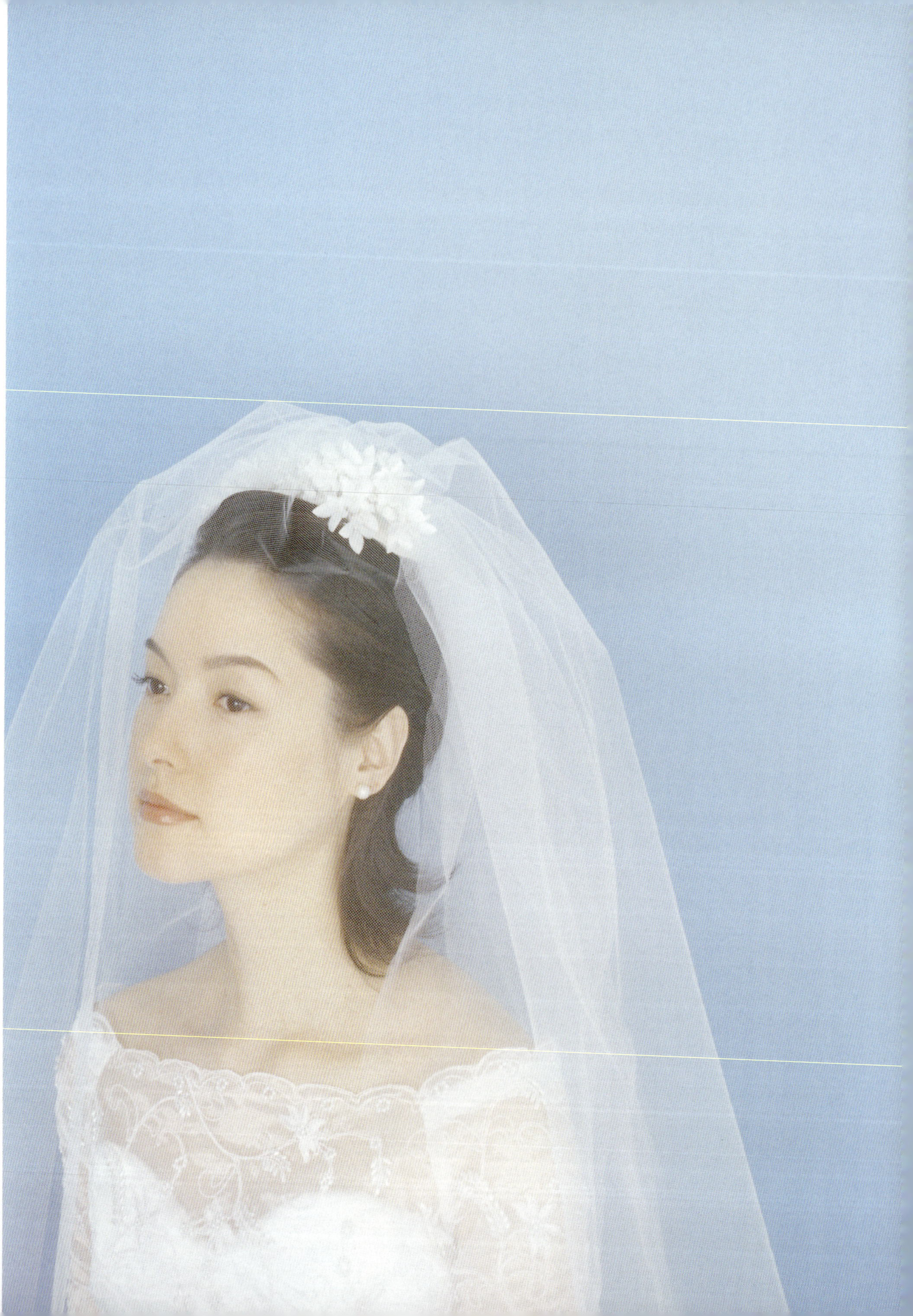

ビーズが優しく光るオーガンジーコードレースの
豪華なドレス j
アンダードレスの胸もとは
心ときめくスイートハート形に
床まで届くチャペル丈のベールは花のヘッドピースで
いっそう華やかに page69

k l

花嫁のために作られた布、
ブライダルレースのスカラップを生かした
ローネックラインのトップkとAラインスカートlの組合せ
淡いブルーの刺繍と控えめにつけられたビーズが
清楚なブライドによく似合う
前スカート丈はシューズのトウが少し見えるくらいに page72

ティアラ／オカダヤ

21

1 m

お色直しはトップを優しいブルーの富士絹で作った
キャミソール m に着替えて
胸もとのビーズは控えめが上品
長めのリボンが揺れる、ときめきのリングクッション page75、99

n

表情が思わず和む桜色のお色直しドレス n
幅広のリボンだけをポイントにした気品に満ちたデザイン page76

布地／ユザワヤ

op

27

布地／オカダヤ
ピアス、ネックレス／パールエンジェル

ブライドにとって特別な意味を持つ色ブルー
たくさん幸せになれるよう、きれいなブルーのリボンをつけたトップoと
フレアの広がりが華やかなスカートpの披露宴ドレス
花かご代りのおそろいバッグに花を入れて page79

リボン刺繍の花がちりばめられたオーガンジーのトップ q と
チュチュのようなスカートで
まるで花の精のようなお色直しドレス
おそろいのプチバッグはパールで愛らしく華やかに
スカートは11ページ f と同じもの page64、83

31

r

程よい長さのトレーンが上品な
ハイウエスト切替えのほっそりシルクサテンドレス r
トップにはケミカルレースを重ねてしっとりした華やかさをプラス
マリアベールで凛とした花嫁の誕生
式のハイライト、
指輪交換に便利なフィンガーレスの長い手袋も手作り page85、99

布地／ユザワヤ　ベール／オカダヤ

33

st

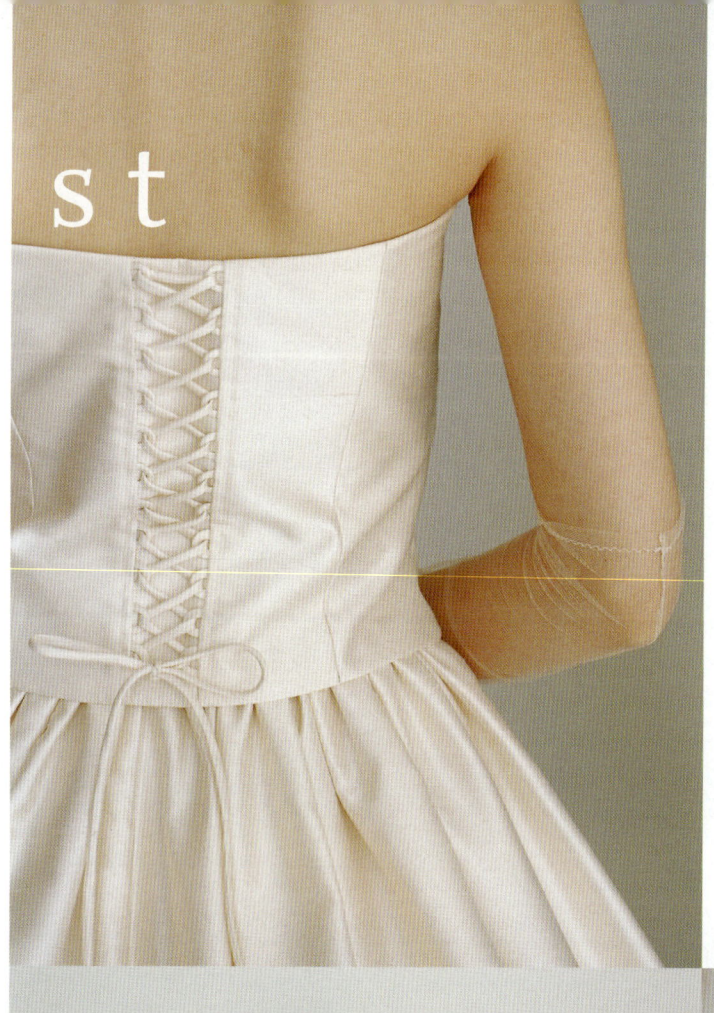

シャンパンゴールドの華麗なドレスはセパレートタイプ
ビュスチエ S はほっそりと見せてくれるレースアップのコルセット型
胸もとのラインはスイートハートと呼ばれる
花嫁のドレスにふさわしいデザイン
スカート t は程よくトレーンを引いたギャザーたっぷりの
シルエットがきれい page87

布地／オカダヤ

u

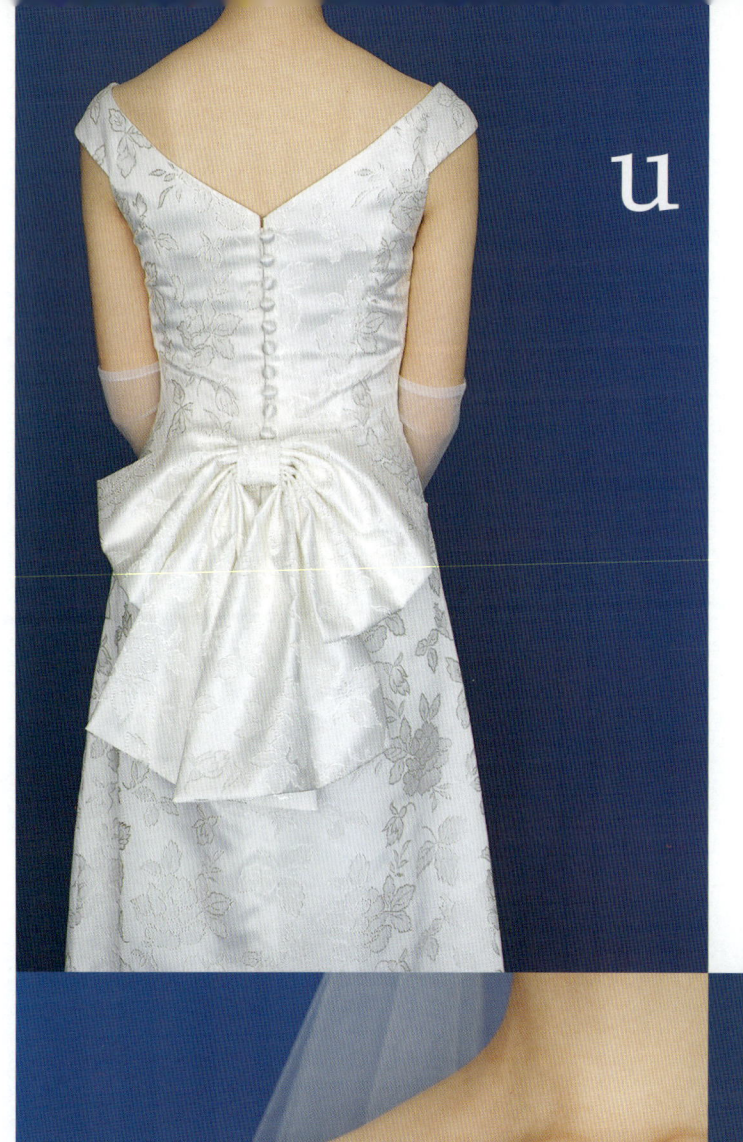

光沢の美しいジャカードのスリムなドレス u
バックに並んだくるみボタンと大きなリボンで後ろ姿もチャーミング
周囲に細いコードをつけたベールは
フィンガーティップというノーマル丈を手作り page90

布地／李富

38

V　胸もとにゆらめくフリルが楚々としたAラインドレス V
　　小さなパールの並んだストラップで華やかさを添えて
　　春がすみのようなバッグは白ばらであでやかに page94

布地／ユザワヤ

W X

マーガレットがちりばめられた
ギャザーたっぷりのスカート X は清純なブライドにぴったり
ナチュラルホワイトのシルクサテンのトップ W には
生花を添えて愛らしく
手にしたブーケにもさり気なく幸せの色ブルーを結んで
幸せのお裾分け、ガーターベルトも品よく手作り page96、99

wの布地／ユザワヤ　手袋／オカダヤ

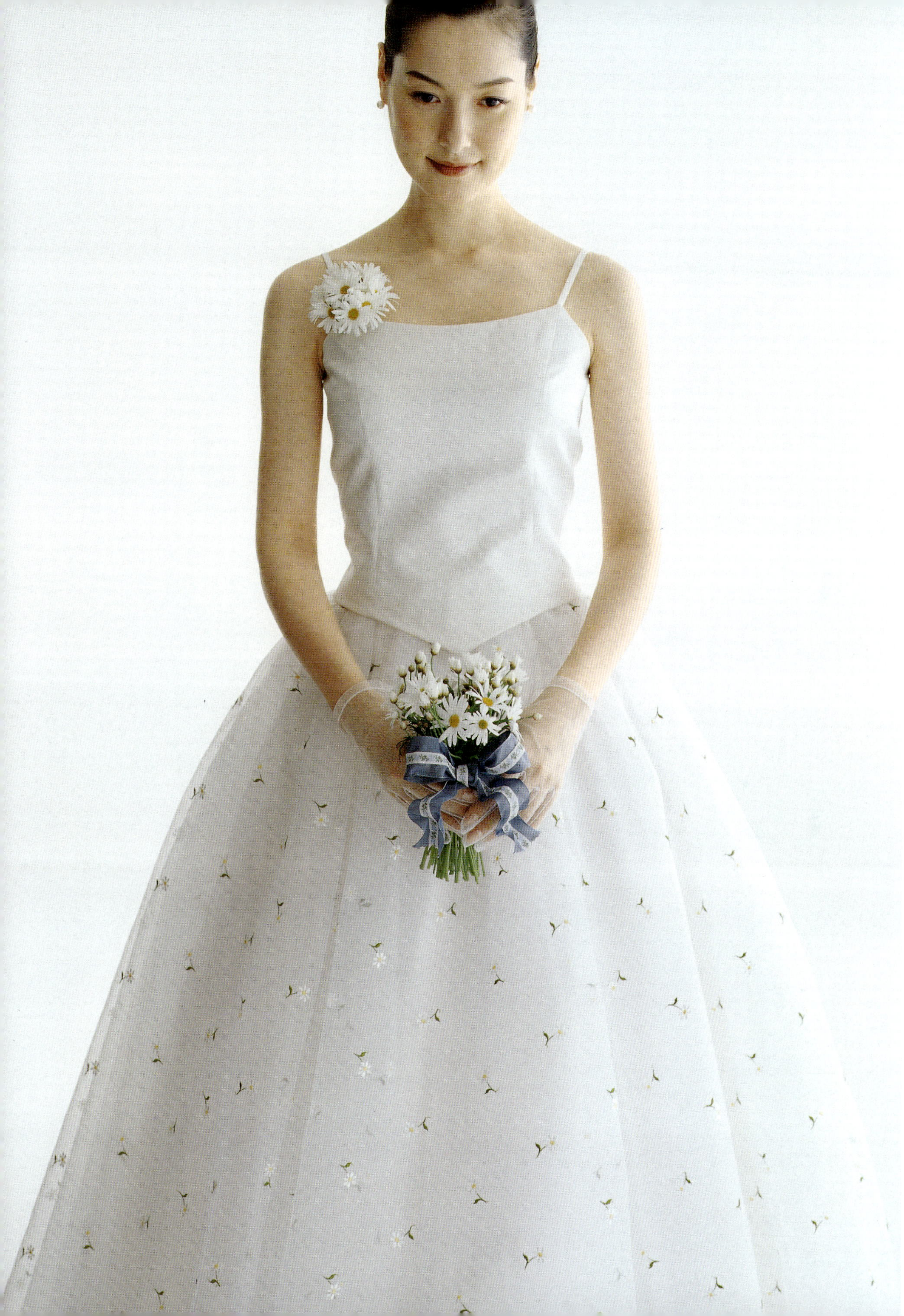

how to make

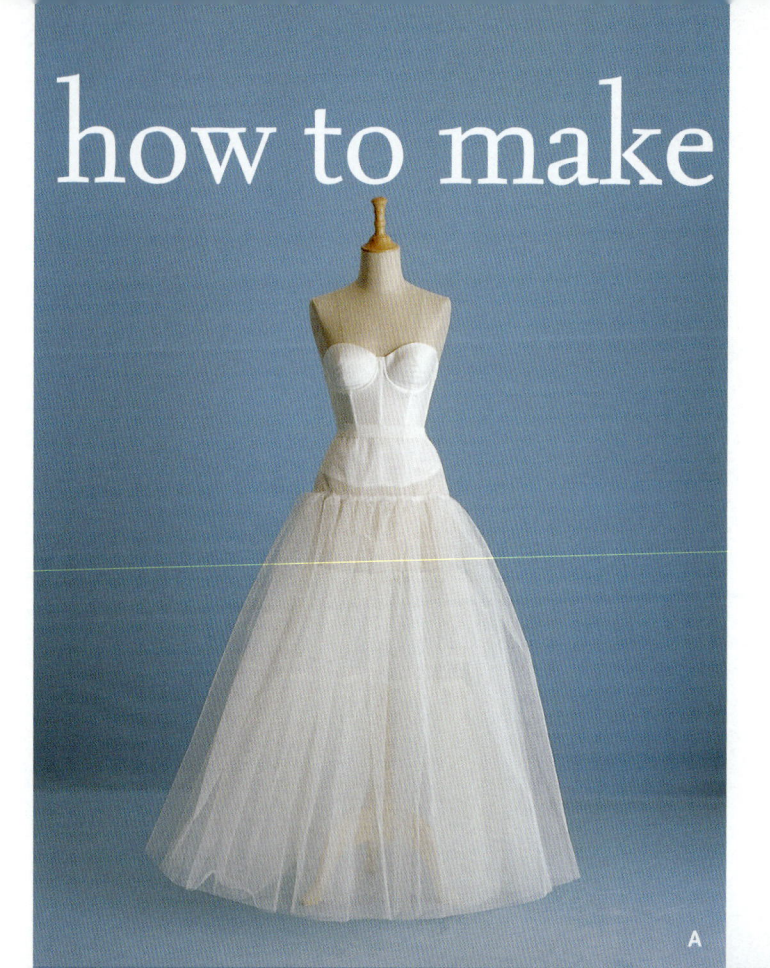

A
B C

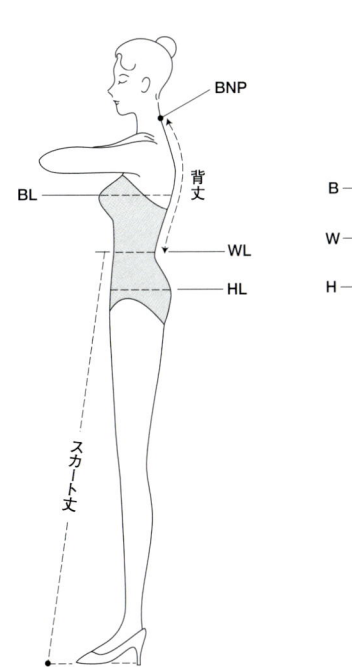

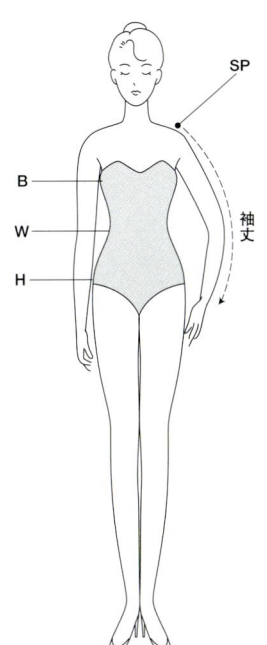

	B	Bust バスト／胸囲
	W	Waist ウエスト／腹囲
	H	Hip ヒップ／腰囲
	BL	Bust Line バストライン／胸囲線
	WL	Waist Line ウエストライン／腹囲線
	HL	Hip Line ヒップライン／腰囲線
	SP	Shoulder Point ショルダーポイント／肩先点
	BNP	Back Neck Point バックネックポイント／頸囲後ろ中心点

まず採寸をしましょう

まず当日着用するインナーをつけてから採寸しましょう。これが自分のバスト、ウエスト、ヒップのヌードサイズになります。靴も必ず履いてスカート丈の長さを見ます。
サイズ表から自分のサイズを探してパターンを写します。出来上り寸法も表示してありますので、どのくらいのゆるみが入っているかも確かめることができます。この本では身長160cmの人がヒール10cmの靴を履いたときにぴったりのスカート丈になっています。好みの高さの靴を履き、裾位置を決めてスカート丈を調整してください。

サイズ 部位	7	9	11	13
B	78	83	88	93
W	59	64	69	74
H	86	90	94	98
背丈	38	38	38	38
袖丈	54	54	54	54
身長	160	160	160	160

花嫁のインナーについて

既製のウェディングドレスはCカップを基準に作られています。それはやはり、バストが大きいとウエストが細く見えるなど、ボディラインを美しく見せるための工夫です。この本でもCカップを基準にしていますので、インナーを着用し、足りない場合はパッドなどで補正してボディラインを整えましょう。インナーはロングラインブラ（ユザワヤ提供）。
またパニエはスレンダーなドレス以外には必要なもの。ドレスのラインによって着用するパニエも変わりますので、仮縫いの際には必ずインナーとドレスデザインに合ったパニエをつけましょう。
ただ、パニエは大変なギャザー分量があり、手作りするのはかなり骨が折れます。市販のものを着用することをおすすめしますが、この本ではAのいちばん分量の少ないタイプだけ作り方を紹介しています。

A：Aラインやドロップウエスト、ギャザー分量の少ないスカートにはこのパニエ（作り方は100ページ）

B：ウエストからたっぷりギャザーのあるスカートにはこのパニエ（オカダヤ提供）

C：トレーンを引くものやバッスルスタイルにはこのパニエ（オカダヤ提供）

仮縫いの前に知っておきたいこと

1 シーチングを用意します

仮縫いには実際の布を使うのではなく、シーチングを使います。ただしギャザースカートタイプの場合は、スカートは実際の布を使って身頃はシーチングにして仮縫いをします

2 印をつけて縫い合わせます

シーチングには出来上り位置にチョークで印をつけ、実際の布には切りじつけ（49ページ参照）をします。縫い代は2cmつけて裁ちます。縫い合わせる方法は写真でもわかるように、後ろ身頃側の縫い代を出来上りに折って前身頃に重ね、しつけ糸で縫いつけます

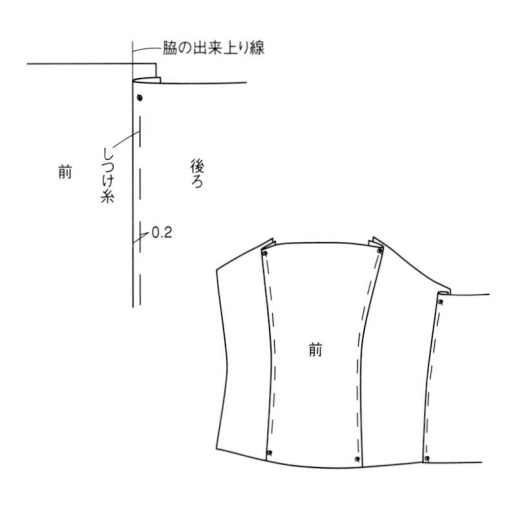

仮縫いと補正

手作りドレスの一番のメリットはなんといっても自分のサイズにぴったりに作れることです。
ウェディングの布地は決して安いものではないので、失敗しないためにも特に身頃と細身のスカートのシルエットは仮縫いをおすすめします。仮縫いして出た不足分や浮いた分をパターンで修整してから、本番の布地を裁断します。

📍 ポイントをチェックします

ビュスチエ
胸もとの部分が浮いていないかどうか、ウエストのゆるみはどうかをチェックします

1 自分のサイズのパターンを使ってシーチングで縫ったビュスチエ

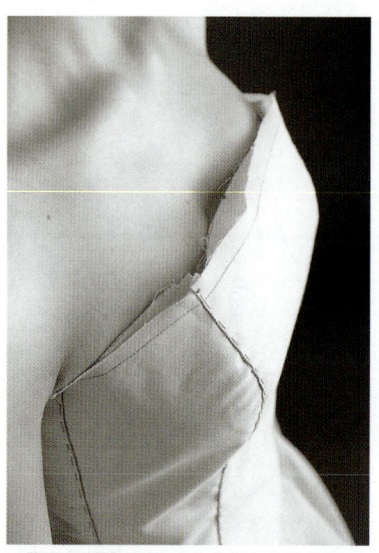

2 胸もとが浮いていることがわかります

3 切替え線の縫い目をほどいて、浮いた分を折り込んでピンでとめます

ローネックライン、ギャザースカートタイプのドレス
作品 i、k、u のようなデザインは肩の位置のおさまりがいいかどうかを見ます。
突っ張っているようなら出し、浮いている場合はつまみます。身頃をシーチング、スカート部分は実際の布を使って作ります

1 肩にかかるデザインのものは、肩の位置が合うかどうかを確認します。自分の肩のラインに合わせて、浮いている場合は余分をつまみ、足りない場合は長さを出してピンでとめます

2 スカート丈は実際の靴（ヒール10cmくらい）を履いて仮縫いをします。前裾は床すれすれで、少し長めくらいがきれいですが、好みで長さを調節してください

スレンダータイプのドレス

作品c、g、r、uのように細身のシルエットの場合は、腰、太もものところがきれいに見えるかどうかをチェックします。
特に太もも位置は個人差がありますので、突っ張る場合は脇の縫い目をほどき、脇線がまっすぐになるように
不足分を前後スカート脇から出して補正します

① ヒップのゆるみ分を確認します。ここでは
ゆるみ分が足りないので、両脇で不足分を出
しています。多い場合は反対に内側にたたみ
ます

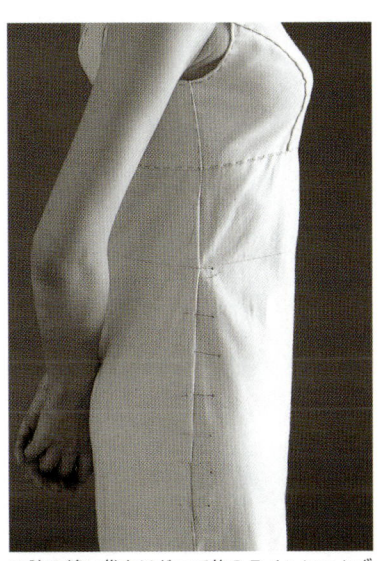

② 脇の縫い代をほどいて体のラインにつかず
離れずくらいに補正します

③ スカートの前裾はハイヒールをはいて靴先
が見えるくらいに仕上げます。

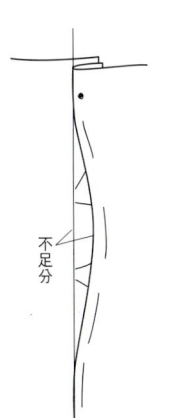

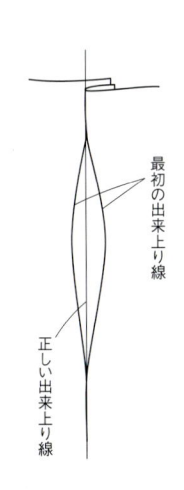

不足分　最初の出来上り線　正しい出来上り線

パターンを修整します

ビュスチエ

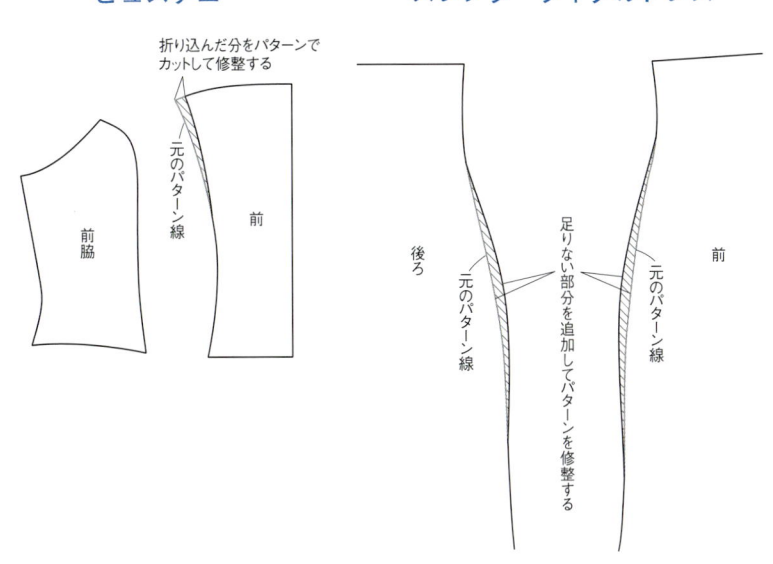

折り込んだ分をパターンで
カットして修整する
元のパターン線
前脇　前

スレンダータイプのドレス

後ろ　足りない部分を追加してパターンを修整する
元のパターン線　前

縫い方ポイント

A 切替えの縫い方

胸の立体感を出すための切替え線。カーブの違う布を縫い合わせるのですから、ちょっとした注意が必要です。

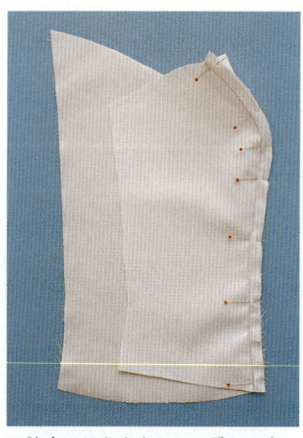

① 脇布のほうを上にして重ね、合い印を合わせてピンを打ち、ミシンをかける

② カーブのきつい部分の縫い代に切込みを入れ、表側にあたりが出ないように縫い代と表布の間に紙をはさんでアイロンをかけ、縫い代を割る

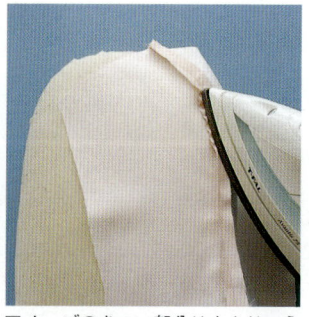

③ カーブのきつい部分はまんじゅうを使ってアイロンの先でかける。ない場合は丸めたタオルに当ててかけるといい

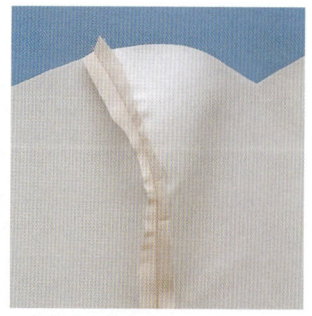

④ 切替えの出来上り

B ボーンとホースヘアブレードの入れ方

"ボーン"は身頃のシルエットをきれいに保つために、"ホースヘアブレード"は裾のラインをきれいに出すために入れる副材料です。

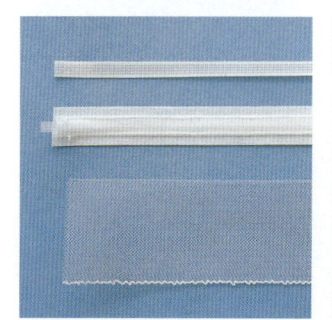

① 材料は上から順に"ボーン""テープつきボーン""ホースヘアブレード"

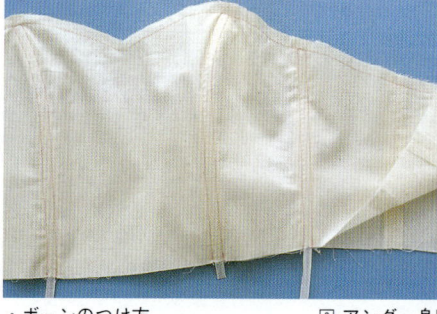

・ボーンのつけ方
② ビュスチエは、表身頃とシーチングで作ったアンダー身頃で構成されていて、ボーンはアンダー身頃に入れる

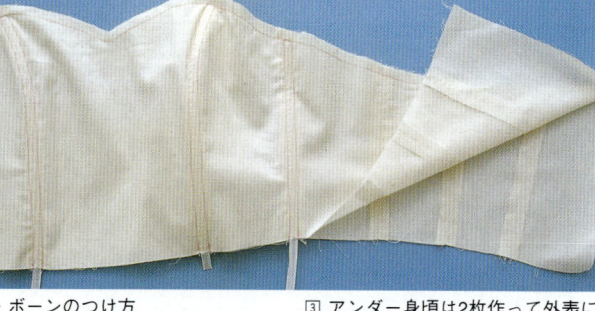

③ アンダー身頃は2枚作って外表に合わせ、切替え線、脇線の両脇に0.5cmずつのステッチをかけてボーン(0.8cm幅)を差し込む

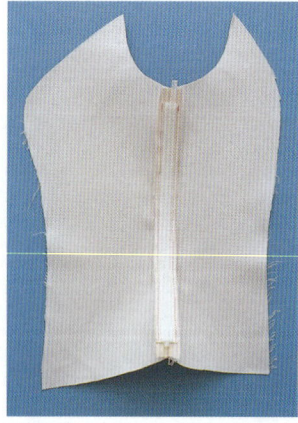

④ アンダー身頃がない場合は"縫い代つきのボーン"を表身頃の縫い代につける

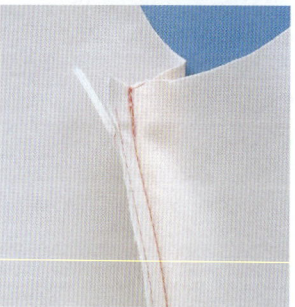

⑤ まず片方の縫い代端とボーンの端を合わせて縫い、次にもう一方の縫い代につける

・ホースヘアブレードのつけ方
[一重仕立ての場合]
⑥ 裾端はロックミシンまたはジグザグミシンで始末して、端から0.5cmくらいのところに大きい針目でミシンをかけておく。裾を出来上り線にそって折り、裾のカーブに合わせて糸を引く。表にあたりが出ないように間に紙をはさみ、アイロンでギャザー分をなじませながら縫い代を落ち着かせる

⑦ ホースヘアブレードを裾のカーブにそわせながらピンでとめ、端から1cmくらいのところを90番のミシン糸でとめつける

⑧90番ミシン糸で裾をまつる(奥まつり)。このときまつり糸が表に出ないよう、織り糸1本をすくうようにする

[裏打ち仕立ての場合]
⑨裏地は裾の出来上り線から2cmくらい上で仮どめしておき(青糸：90番ミシン糸、後ではずす)、出来上り線から0.2cmくらい下をとめる(赤糸：90番ミシン糸で、表に出る針目を小さくする。これはそのままにしておく)

⑩裏地と一緒に裾を折り、一重仕立ての場合と同じように糸を引いてきれいなカーブにしてから、ホースヘアブレードを裾のカーブにそわせながら90番のミシン糸でとめつける

⑪90番のミシン糸で裾の縫い代を裏地だけにまつりつける

C ケミカルレース地の仕立て方

①普通の布と違ってモチーフがつながっているので、ダーツの部分などは縫いにくいもの。出来上りがきれいに見えるようにモチーフを切り取ってつなぐように縫い合わせる

②ダーツの部分に糸印をつける

③ダーツの糸印にかからないように、ダーツの中心あたりのモチーフにそって切込みを入れる

④ダーツの印を合わせて様子を見る

⑤モチーフを重ねてつながりよくきれいに見えるかどうか確認して、様子を見ながら余分はモチーフごとに切り取っていく

⑥目立たないように表裏ともまつり合わせる

D ギャザーの寄せ方

オーガンジーや薄手のシルク、シフォンジョーゼットのギャザー寄せには便利な副材料を使うと簡単にきれいに仕上がります

①ギャザリングテープをウエスト縫い代に接着する。両端は2cmくらい残してはるといい

②接着したテープの糸を引くときれいにギャザーが寄る。このテープがない幅は接着テープをはってから大きい針目のミシンをかけ、糸を引いてギャザーを寄せる

E コードのつけ方

指輪交換のときに便利なように工夫された手袋の作り方ポイントです。ベールの端のコードも同じ方法で始末します。

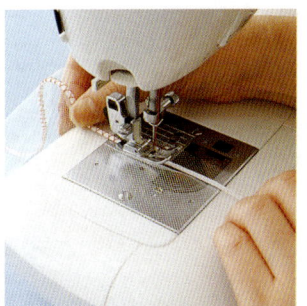

①チュールの端は1cmの縫い代をつけて裁つ。コードの幅をまたぐくらいの振り幅の粗めのジグザグミシンでコードをつけていく

②指をかけるところはループにして縫い、コードのきわから余分なチュールをカットする

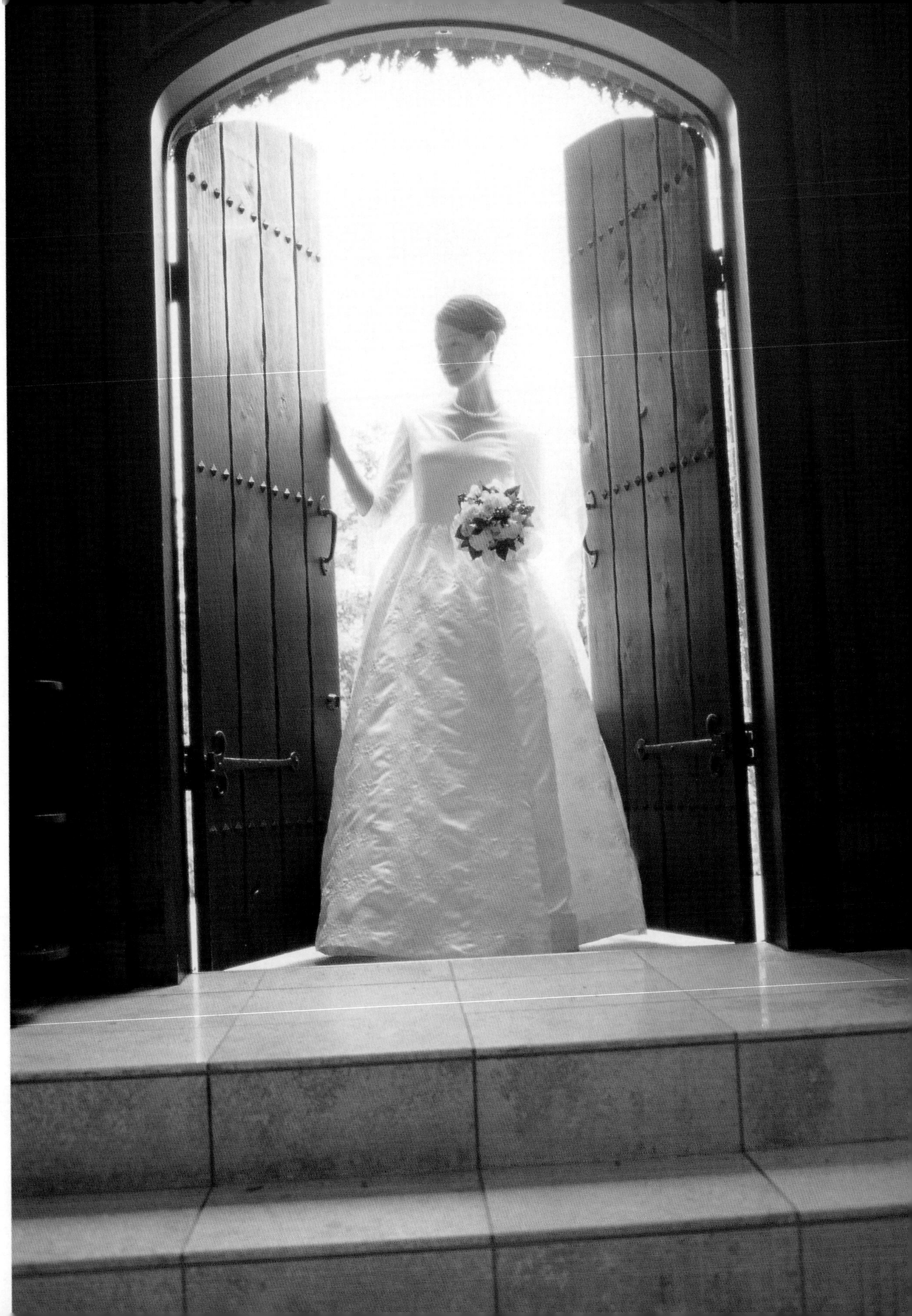

縫い始める前に

♪ 手を洗います
白い生地を扱うのですから手を洗い、ミシンまわりもきれいにしてから縫い始めてください

♪ 裁ち方の注意
使用布の用尺が長いので、布がテーブルから垂れると正確に裁てません。床など平らな場所に紙を敷いてその上に広げます。次に裁合せ図を参照して、布目を確認しながらすべてのパターンを置いて、裁断します

♪ ミシン糸と針
オーガンジーやチュールなど透けた薄い生地には90番ポリエステル糸、その他の生地は60番ポリエステル糸、針はどちらの糸にも11号を使ってください

♪ アイロンのかけ方
素材に応じてアイロンの指定の温度に合わせ、端ぎれなどで試してからかけてください

♪ 接着芯の選び方
この本ではほとんどの作品の表身頃に接着芯をはって作ります。その際、接着芯は厚手のニットタイプを使ってください。ニットタイプがない場合は織りタイプを使用してください。不織布タイプは避けてください。
ビーズのついた布にはる場合は、毛布など柔らかい布を敷いてその上ではるときれいにはれます。温度は表布に合わせて選んでください

♪ 印つけ
身頃は出来上り線に切りじつけをします。白い生地なのでチョークでは布を汚す心配もありますし、縫い代を正確につけたパターンでもゆるみの少ない服なので正確に縫い合わせることが必要です。しつけ糸は黄色など薄い色を使いましょう

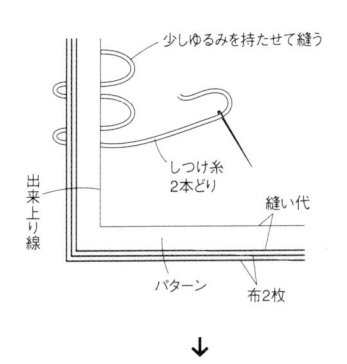

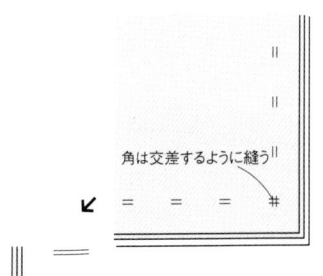

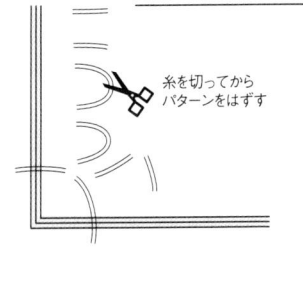

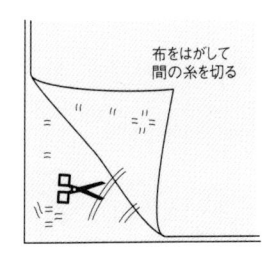

♪ 保管用肩ひも
ノースリーブタイプは大丈夫ですがオフショルダーやローネックライン、ビュスチエなどはハンガーに掛けられませんので、図のようにハンガーのサイズに合わせて保管用肩ひもをつけます。ちょっと手間はかかりますが、式当日までしわになったり形がくずれることもなく保管できます

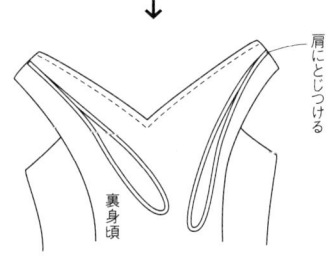

a†b

▽ 材料
<トップ>
・ケミカルレース＝92cm幅80cm
・シルクサテン（身頃土台布、見返し）＝92cm幅90cm
・厚手接着芯（身頃土台布、見返し）＝90cm幅90cm
・オープンファスナー＝25cm1本
・ゴムテープ＝1.5cm幅33cm/34cm/35cm/36cm
・ホック＝1組み
・パールビーズ＝直径0.4cm48個
<スカート>
・シルクシフォンジョーゼット（オーバースカート2枚）＝112cm幅12m
・ポリエステルサテン（アンダースカート、ウエストベルト）＝110cm幅6m
・1.5cm幅接着テープ
・コンシールファスナー＝25cm1本
・接着インサイドベルト＝3.5cm幅64cm/69cm/74cm/79cm
・前かん＝2組み

▽ 縫い方順序
<トップ>
1 身頃土台布のダーツを縫う
2 表身頃のダーツの始末をする
3 脇を縫い合わせる
4 裾に見返しをつける
5 ファスナーをつける
6 袖を作ってつける
7 衿ぐりに見返しをつける
8 裾にスカラップの飾りをとじつける
9 衿ぐりにモチーフとパールビーズをつける
10 ホックをつける
<スカート>
1 アンダースカートの後ろ中心を縫う
2 アンダースカートにファスナーをつける
3 アンダースカートを仕上げる
4 オーバースカートをはぎ合わせる
5 オーバースカートの後ろあきを始末する
6 オーバースカートの裾を始末する
7 オーバースカート2枚とアンダースカートを合わせてウエストベルトをつける
8 ウエストベルトに前かんをつける

▽ 作り方ポイント
<トップ>
・土台布と見返しには芯をはる
・身頃は土台布のシルクサテンと表身頃のケミカルレースを重ねて仕立てる
<スカート>
・オーバースカートはシルクシフォンジョーゼットで同じものを2枚作り重ねる
・アンダースカートのファスナーつけ部分には接着テープをはる

✂ 裁合せ図

アンダースカート、ウエストベルト（ポリエステルサテン）

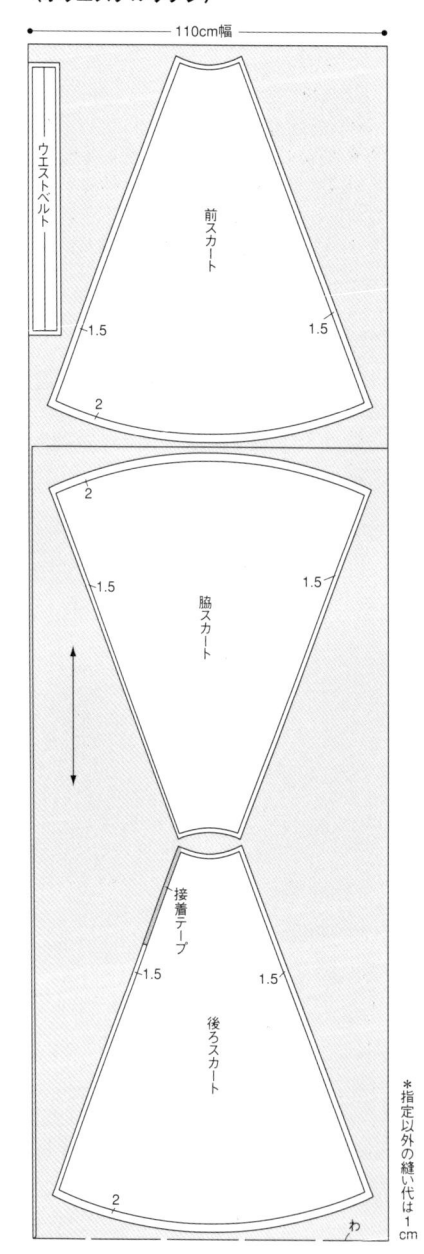

オーバースカート2枚分（シルクシフォンジョーゼット）

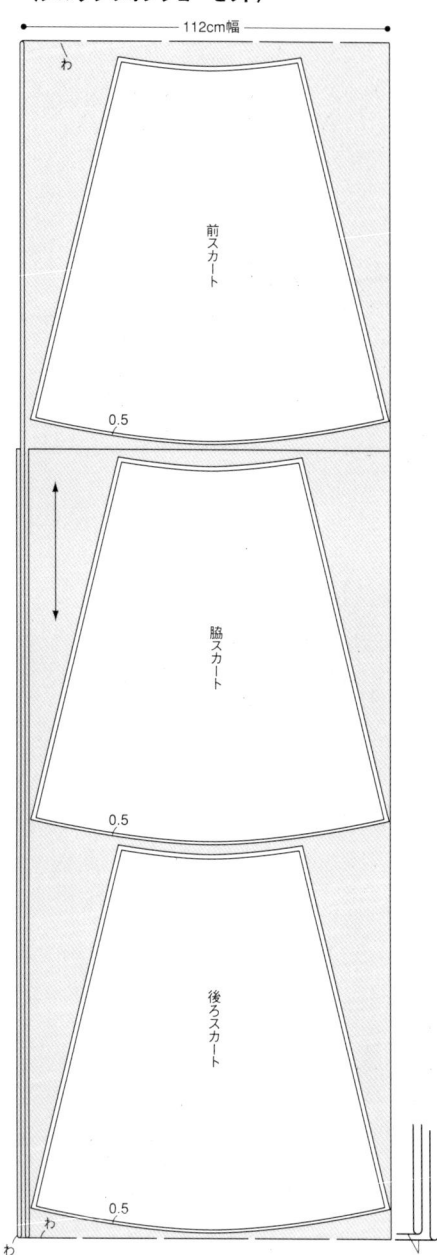

※指定以外の縫い代は1cm

トップ表身頃（ケミカルレース）

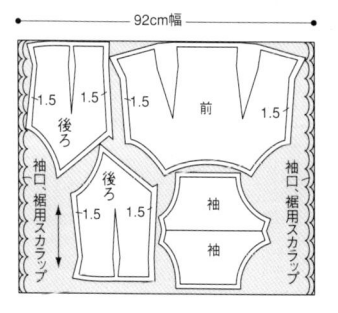

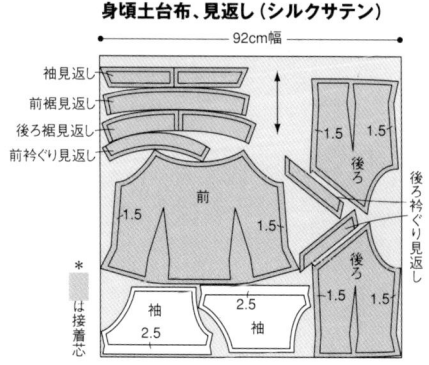

身頃土台布、見返し（シルクサテン）

は接着芯

a トップ

前 / **後ろ**

身頃を作る

芯をはる
土台布(シルクサテン)(裏)

①47ページを参照してダーツ部分の始末をする
②2枚合わせてジグザグミシン
表身頃(ケミカルレース)

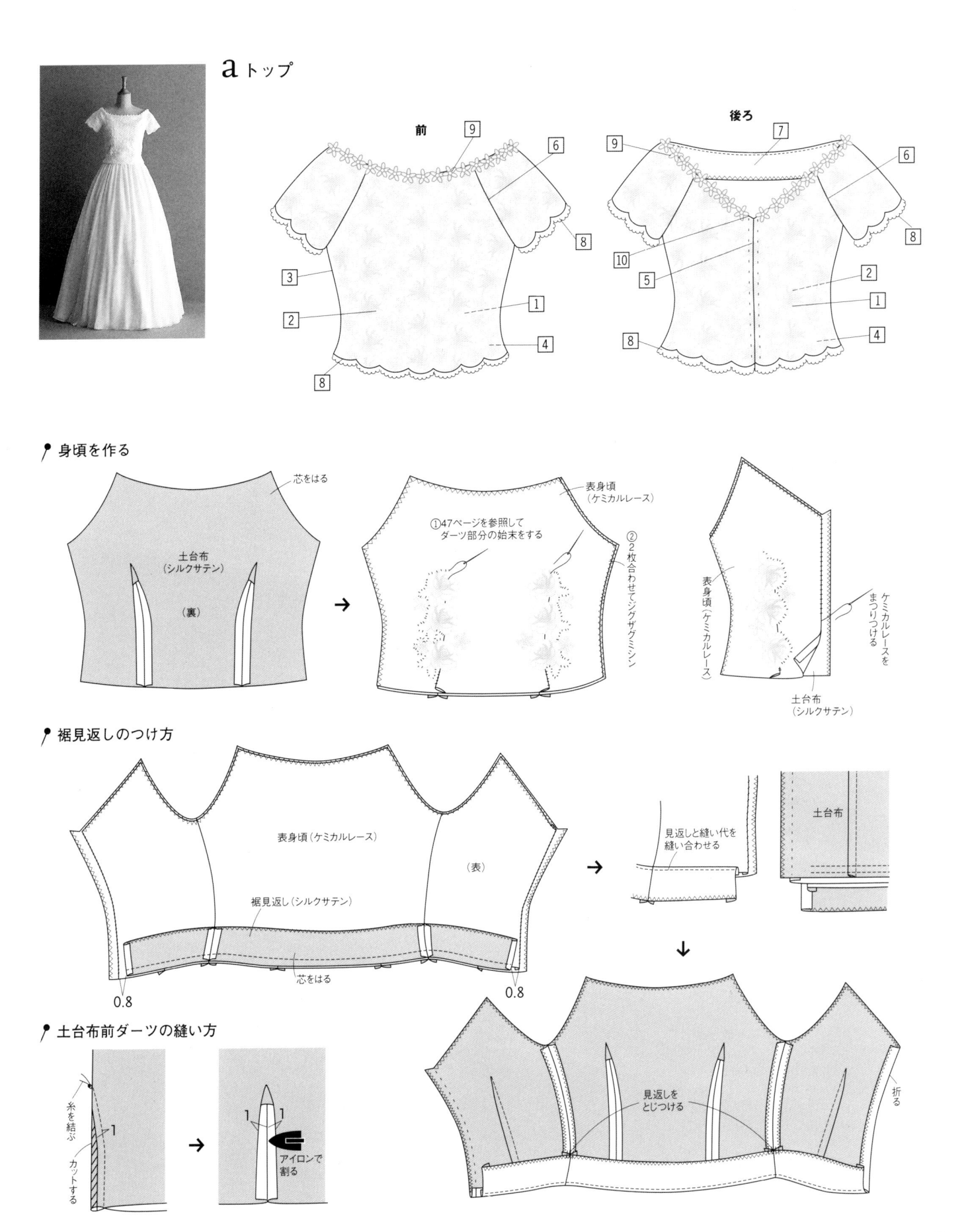

表身頃(ケミカルレース)をまつりつける
土台布(シルクサテン)

裾見返しのつけ方

表身頃(ケミカルレース)(表)
裾見返し(シルクサテン)
芯をはる
0.8

見返しと縫い代を縫い合わせる
土台布

見返しをとじつける
折る

土台布前ダーツの縫い方

糸を結ぶ
カットする
1
アイロンで割る

● ファスナーのつけ方

1.5
土台布
ファスナーを星止めでつける
見返しをまつりつける

● 袖のつけ方

ケミカルレース（表）
まつる 2.5 土台布（シルクサテン）

シルクサテン
（裏）
ケミカルレース
袖下を縫う

まつる
シルクサテン
ケミカルレース

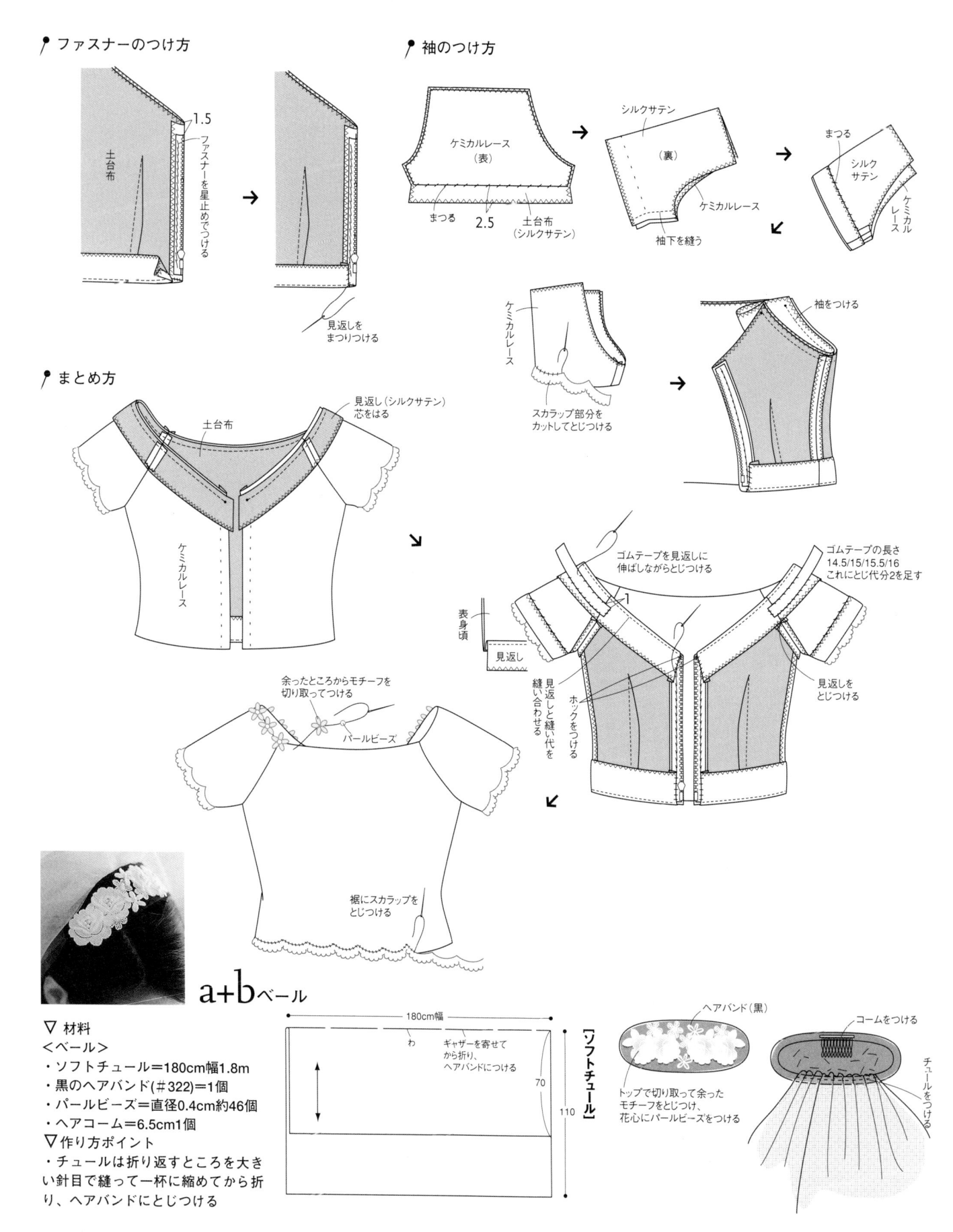

ケミカルレース
スカラップ部分をカットしてとじつける

袖をつける

● まとめ方

土台布
見返し（シルクサテン）芯をはる
ケミカルレース

ゴムテープを見返しに伸ばしながらとじつける
ゴムテープの長さ 14.5／15／15.5／16
これにとじ代分2を足す

1
表身頃
見返し
見返しと縫い代を縫い合わせる
ホックをつける
見返しをとじつける

余ったところからモチーフを切り取ってつける
パールビーズ

裾にスカラップをとじつける

a+bベール

180cm幅
わ
ギャザーを寄せてから折り、ヘアバンドにつける
[ソフトチュール]
70
110

▽ 材料
＜ベール＞
・ソフトチュール＝180cm幅1.8m
・黒のヘアバンド（#322）＝1個
・パールビーズ＝直径0.4cm約46個
・ヘアコーム＝6.5cm1個

▽ 作り方ポイント
・チュールは折り返すところを大きい針目で縫って一杯に縮めてから折り、ヘアバンドにとじつける

ヘアバンド（黒）
コームをつける
トップで切り取って余ったモチーフをとじつけ、花心にパールビーズをつける
チュールをつける

b スカート

前

後ろ

✂ 製図

アンダースカート

- 6/6.5/7/7.5
- 1.2/1.4/1.6/1.8
- 6.1/6.6/7.1/7.6
- 25
- 3.5
- ウエストベルト
- わ
- 後ろ中心
- 30.5/33/35.5/38
- 3
- 前中心わ
- 持出し
- あき止り
- 110
- わ
- 5枚
- 後ろ中心
- 2.5
- 48.5/49/49.5/50

オーバースカート

- 21/23/25/27
- 2.5
- ギャザー
- 25
- わ
- あき止り
- 111
- 5枚
- 111
- 後ろ中心
- 49/50/52/54

アンダースカート裾
- 1
- 0.5の三つ折り

オーバースカート裾
- ジグザグミシン
- 0.5を三つ巻きにする

🖈 スカートの重ね方

- アンダースカート（ポリエステルサテン）
- ファスナー
- ギャザー用大きい針目ミシン
- オーバースカート（シルクシフォンジョーゼット）
- 0.5の三つ折り

🖈 まとめ方

- ウエストベルト（ポリエステルサテン）
- アンダースカート（ポリエステルサテン）
- 3.5
- 3
- オーバースカート（シルクシフォンジョーゼット）
- 2枚重ね

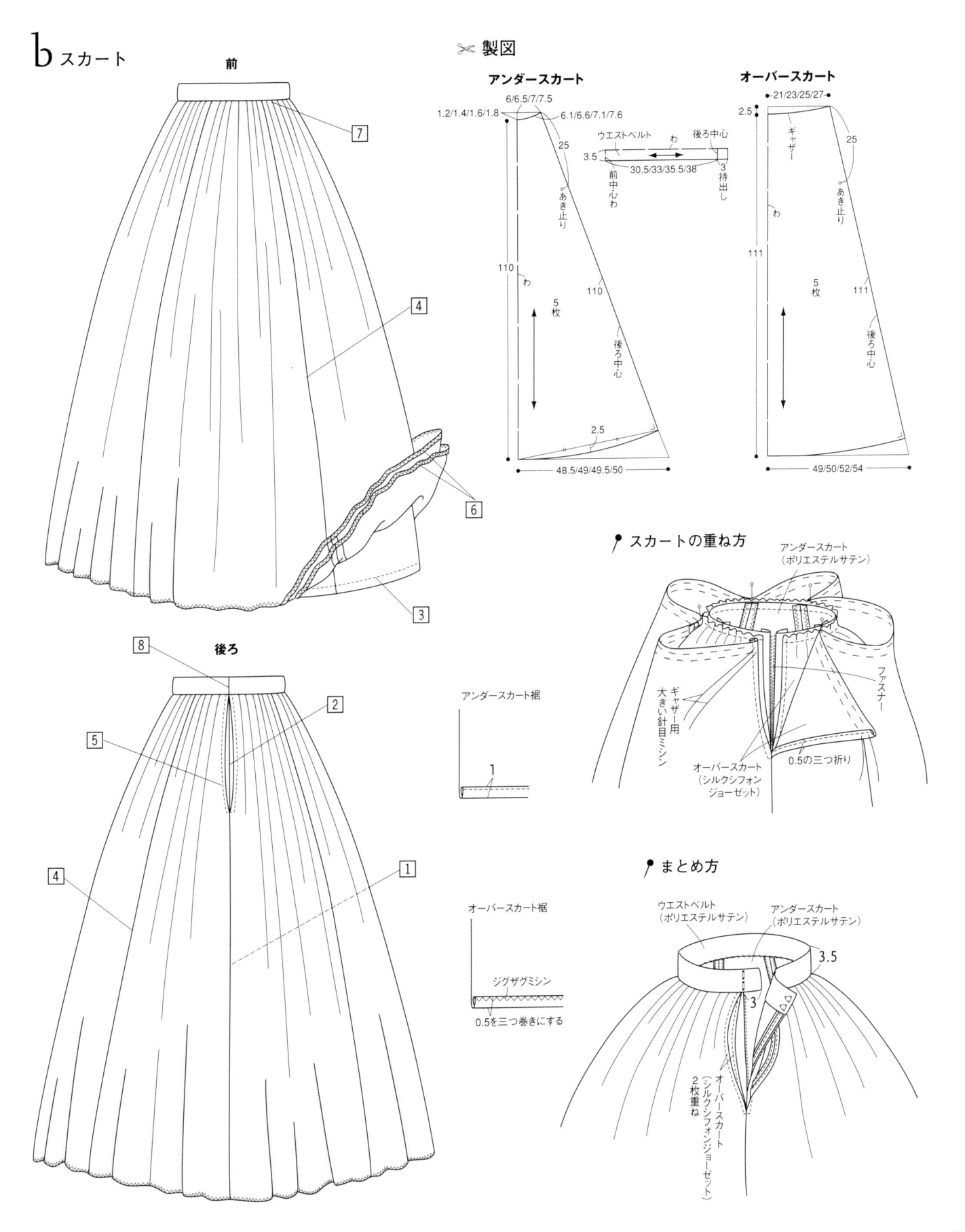

C

▽ 材料
<ドレス>
・シルクシノンサテン(表身頃、裏身頃、表スカート)＝90cm幅3.8m
・裏地(裏スカート)＝90cm幅3.3m
・厚手接着芯(表身頃)＝90cm幅60cm
・1.5cm幅接着テープ
・コンシールファスナー＝37cm/37cm/38cm/38cm1本
・ベルベットリボン＝1.2cm幅1.1m、0.8cm幅1m
・ホック＝1組み
<ベール>
・ソフトチュール＝180cm幅1.1m
・ベルベットリボン＝1.8cm幅3.3m
・ヘアコーム＝2.5cm 1個

▽ 縫い方順序
1. 表身頃、裏身頃それぞれの切替えを縫う
2. 裏身頃をつける
3. 表身頃と裏身頃の脇を続けて縫う
4. 肩を縫い合わせる
5. 表スカートを縫う
6. 表スカートの裾を始末する
7. 表スカートと表身頃を縫い合わせる
8. ファスナーをつける
9. 裏身頃に裏スカートをつける
10. 裏身頃と裏スカートをファスナーテープにまつりつける
11. 裏スカートを中とじする
12. 裏スカートの裾を始末する
13. 切替え部分にリボンをつける
14. スカートのまちつけ位置に結んだリボンをとじつける
15. ホックをつける

▽ 作り方ポイント
・表身頃には芯をはる
・表スカートのファスナーつけ部分には接着テープをはる
・身頃の縫い方は77ページ参照
・裏スカートは縫い代1cmで縫い合わせ、1.5cmに折ってから(きせをかける)裏身頃につける
・裏スカートの裾は、まち部分以外は三つ折りにしてミシンをかけ、まち部分は自然に二つ折りにして、表スカートと合わせてから奥まつりをする

✂ 裁合せ図

表身頃、裏身頃、表スカート
(シルクシノンサテン)

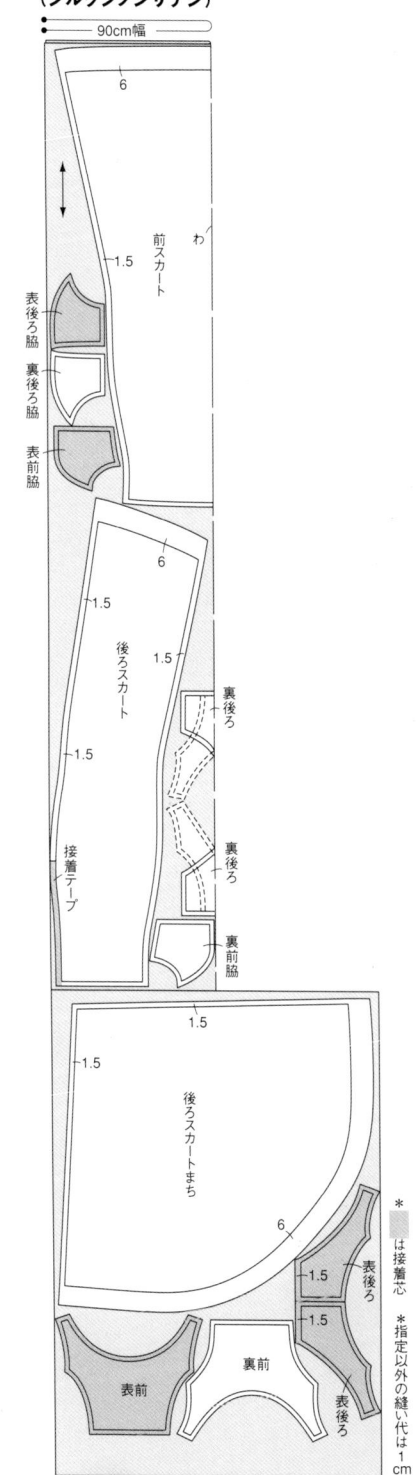

裏スカート(裏地)

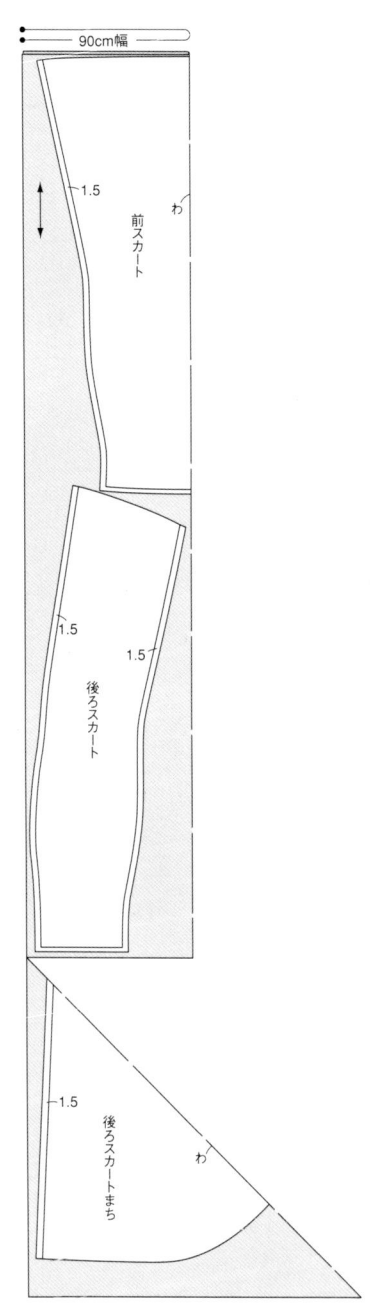

* は接着芯
* 指定以外の縫い代は1cm

前

後ろ

表スカートの縫い方

後ろスカート（シルクシノンサテン）

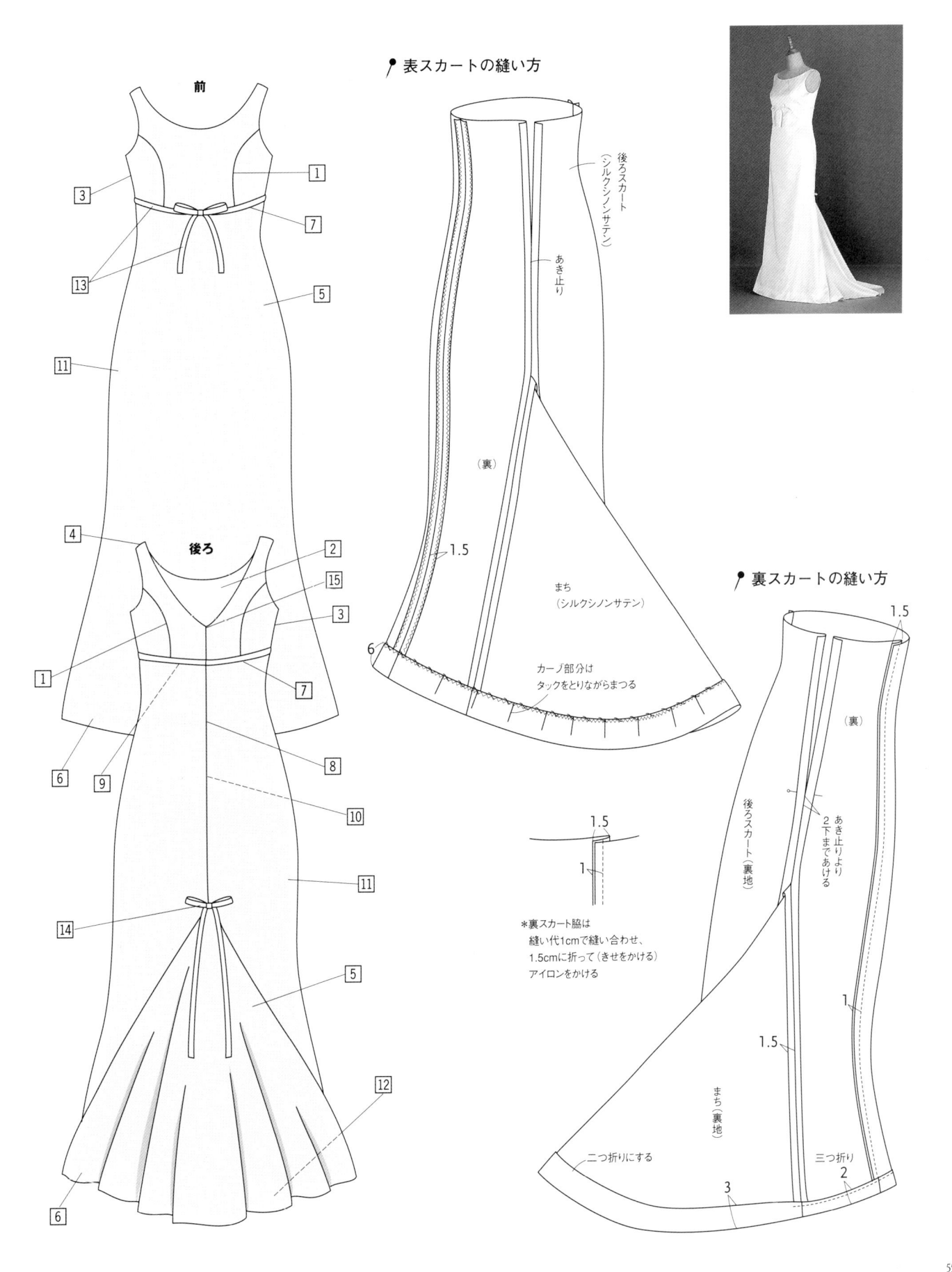

あき止り

まち（シルクシノンサテン）

（裏）

1.5

6

カーブ部分はタックをとりながらまつる

裏スカートの縫い方

1.5

後ろスカート（裏地）

あき止りより2下まであける

（裏）

1.5

1

まち（裏地）

二つ折りにする

三つ折り

3

2

1

1.5

*裏スカート脇は縫い代1cmで縫い合わせ、1.5cmに折って（きせをかける）アイロンをかける

スカート裾の仕上げ方

まち（裏地）

まちの裾に奥まつりで裏地をまつりつける

しつけ
2
6
3

*86ページ参照

裏スカートと表スカート脇のとじ合せ方

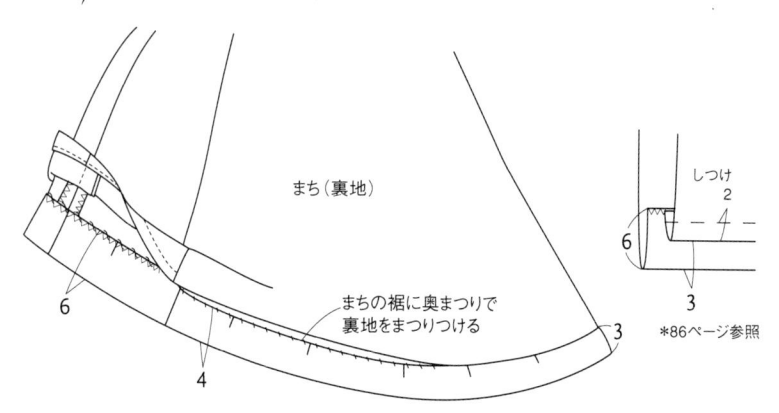

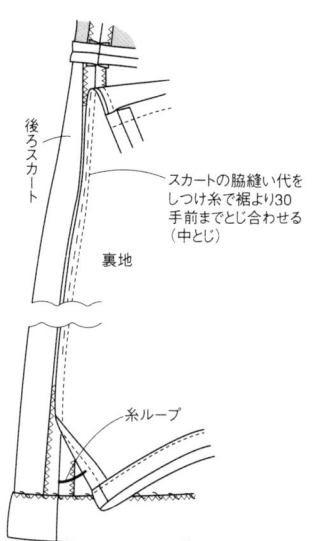

後ろスカート
裏地

スカートの脇縫い代をしつけ糸で裾より30手前までとじ合わせる（中とじ）

糸ループ

ファスナーつけ

表身頃
裏身頃（シルクシノンサテン）
裏スカート（裏地）
表スカート

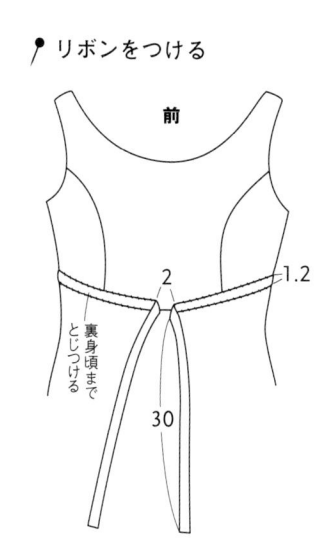

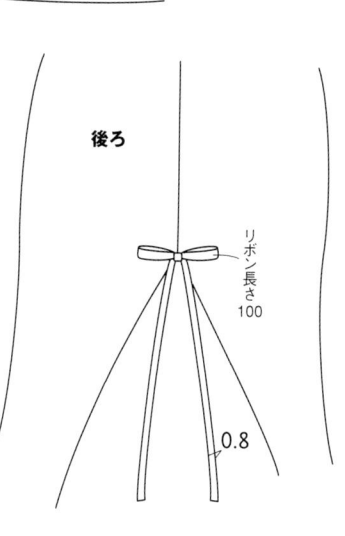

まつりつける

リボンをつける

前

裏身頃までとじつける

2
1.2
30

後ろ

リボン長さ 100
0.8

C ベール

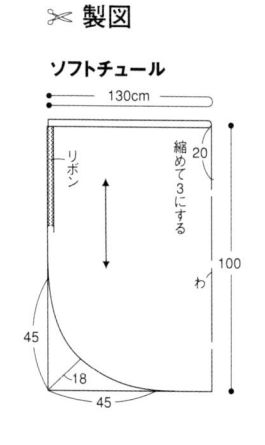

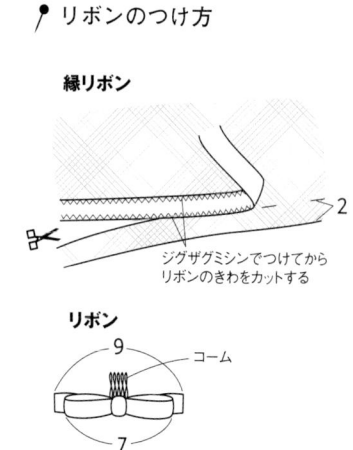

製図

ソフトチュール

130cm
リボン
20
縮めて3にする
わ
100
45
18
45

まとめ方

ここにリボンをとじつける
3
ジグザグミシンで縁リボンをつける

リボンのつけ方

縁リボン

ジグザグミシンでつけてからリボンのきわをカットする

2

リボン

9
コーム
7

d

▽ 材料
<ドレス>
・無地サテン（表身頃、袖、見返し）＝120cm幅90cm
・コード刺繍のサテン（スカート）＝150cm幅5m/5.2m/5.5m/5.7m
・裏地（裏身頃）＝92cm幅60cm
・厚手接着芯（表身頃、見返し、くるみボタン）＝90cm幅80cm
・1.5cm幅接着テープ
・コンシールファスナー＝42cm/42cm/42.5cm/43cm1本
・くるみボタン＝直径1.4cm14個
・ホック＝1組み
<ベール>
・ソフトチュール＝180cm幅3.7m
・白のヘアバンド（♯322）＝1個
・ヘアコーム＝6.5cm1個
・アートフラワー＝アートかすみ(2-8)24個入り1パック

▽ 縫い方順序
<ドレス>
1. 表身頃、裏身頃それぞれの切替えを縫い合わせる
2. 裏身頃に見返しをつける
3. 表身頃、裏身頃それぞれの肩を縫い合わせる
4. 裏身頃をつける
5. 表身頃、裏身頃それぞれの脇を縫う
6. 袖を作ってつける
7. スカートをはぎ合わせる
8. 裾を仕上げる
9. 表身頃とスカートを縫い合わせる
10. ファスナーをつける
11. 裏身頃を表身頃にまつりつける
12. くるみボタンをつける
13. ホックをつける

▽ 作り方ポイント
<ドレス>
・表身頃と見返し、くるみボタンには芯をはる
・裏身頃は、サテンの見返しに裏地をつけて作る
・身頃の脇は表身頃、裏身頃別々に縫い、袖ぐりを合わせてミシンをかけておく
・袖はダーツをとり、袖口を仕上げてからつける
・スカートをつけるときに裏身頃を縫い込まないように注意する

<ベール>
・折り山のところを大きい針目で縫って、糸を一杯に引いてギャザーを寄せてから折る
・アートフラワーを束ねてトークにつける
・ベール、コームもヘアバンドにとじつける

✂ 裁合せ図

表身頃、袖、見返し（無地サテン）
120cm幅

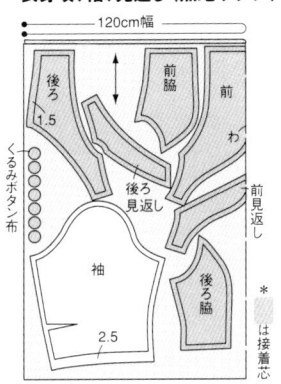

裏身頃（裏地）
92cm幅
＊指定以外の縫い代は1cm

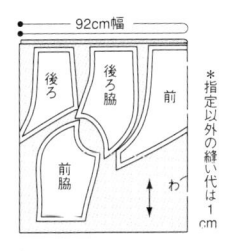

スカート（コード刺繍のサテン）
150cm幅

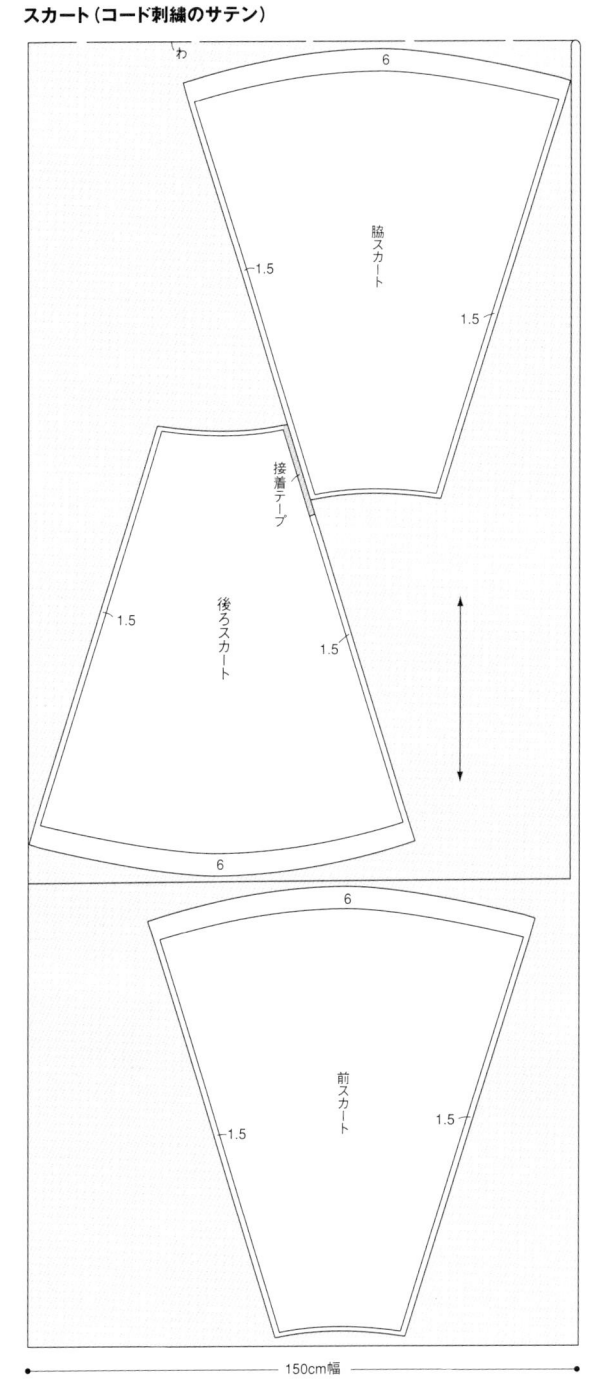

＊スカートの製図は98ページのオーバースカート参照

前　　　　　　　　　　　　　　　後ろ

裏身頃の作り方

裏に芯をはる
見返し（サテン）
裏身頃（裏地）

見返し

裏に芯をはる
見返し（サテン）

裏身頃（裏地）

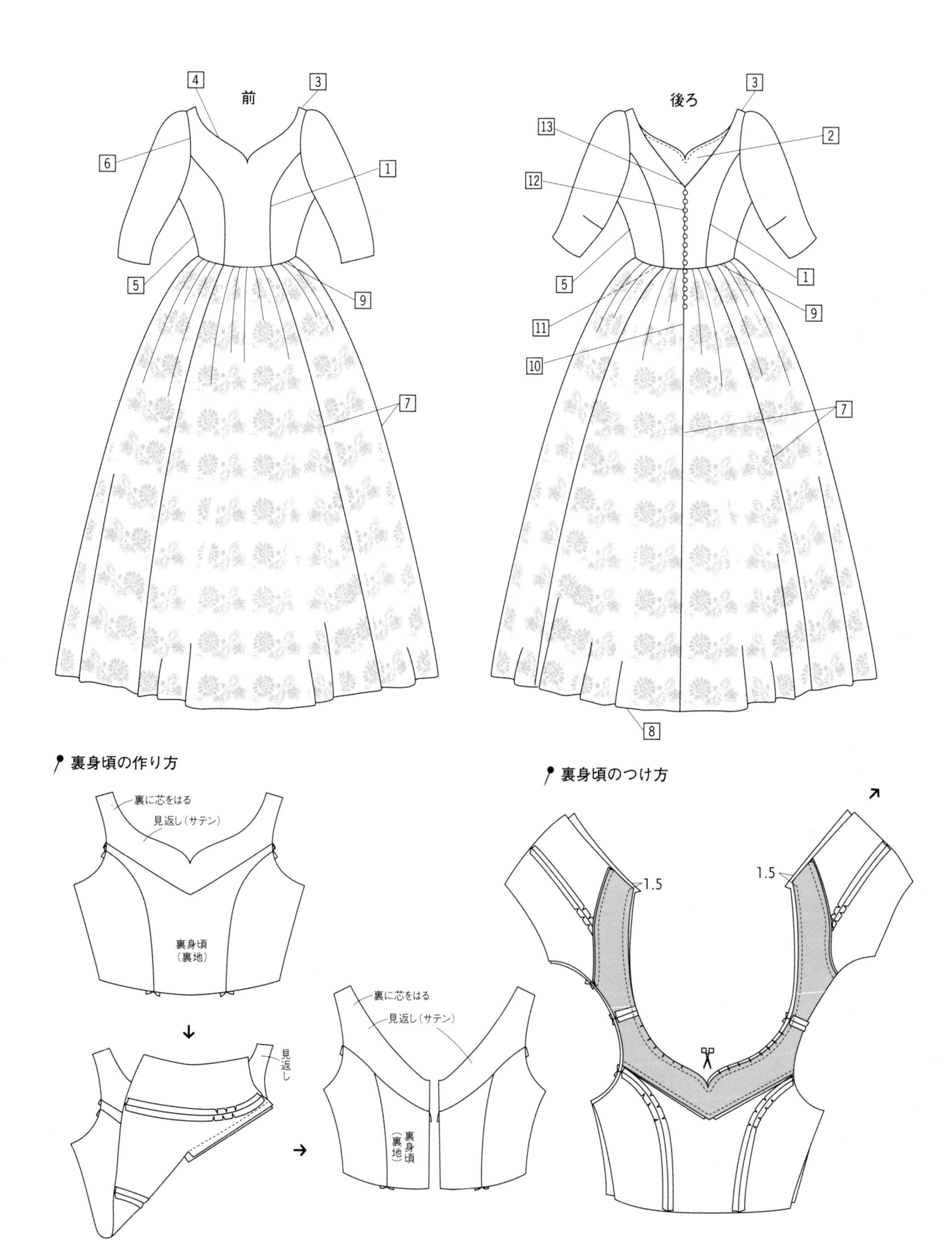

裏身頃のつけ方

1.5
1.5

袖のつけ方

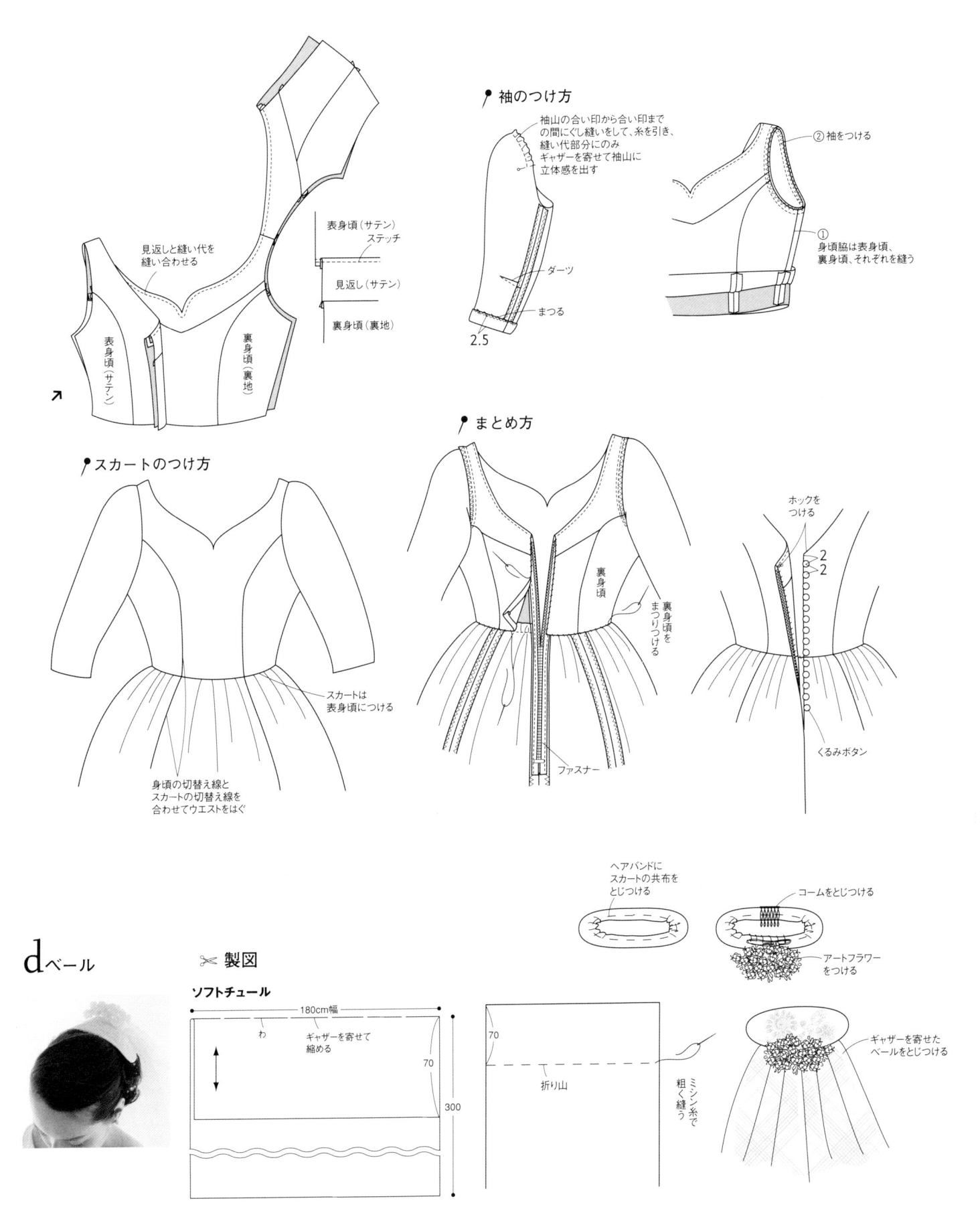

袖山の合い印から合い印までの間にぐし縫いをして、糸を引き、縫い代部分にのみギャザーを寄せて袖山に立体感を出す

見返しと縫い代を縫い合わせる

表身頃（サテン）ステッチ

見返し（サテン）

裏身頃（裏地）

表身頃（サテン）

裏身頃（裏地）

ダーツ

まつる

2.5

② 袖をつける

① 身頃脇は表身頃、裏身頃、それぞれを縫う

スカートのつけ方

スカートは表身頃につける

身頃の切替え線とスカートの切替え線を合わせてウエストをはぐ

まとめ方

裏身頃

裏身頃をまつりつける

ファスナー

ホックをつける

2
2

くるみボタン

d ベール

製図

ソフトチュール

180cm幅

わ

ギャザーを寄せて縮める

70

300

70

折り山

ミシン糸で粗く縫う

ヘアバンドにスカートの共布をとじつける

コームをとじつける

アートフラワーをつける

ギャザーを寄せたベールをとじつける

e✝h

▽ 材料
・コード刺繍のチュール（ビュスチエ表身頃、ボレロ）＝135cm幅1.4m
・シルクサテン（ビュスチエ表身頃土台布、見返し、くるみボタン）＝92cm幅80cm
・薄手シーチング（ビュスチエアンダー身頃）＝90cm幅90cm
・チュール（ボレロ裏打ち布）＝120cm幅70cm
・厚手接着芯（ビュスチエ表身頃土台布、見返し、くるみボタン）＝90cm幅80cm
・オープンファスナー（ビュスチエ）＝表身頃用25cm/25cm/25.5cm/26cm、アンダー身頃用18cm/18cm/18.5cm/19cm各1本
・ゴムテープ（ビュスチエ）＝3cm幅57cm/62cm/67cm/72cm
・ボーン＝0.8cm幅1.2m
・くるみボタン＝直径1.2cm18個
・チャイナボタン＝1組み
・ホック＝2組み
・前かん＝1組み

▽ 縫い方順序
＜ビュスチエ＞
① 表身頃をはぎ合わせる
② 表身頃にファスナーをつける
③ 表身頃の裾に見返しをつける
④ アンダー身頃を作って前かんをつけ、表身頃と重ねて見返しをつける
⑤ 見返し端をアンダー身頃につける
⑥ 表身頃にホックをつける
⑦ 後ろ中心にくるみボタンをつける
＜ボレロ＞
① 肩を縫い合わせる
② 衿を作ってつける
③ 袖を作ってつける
④ ホックをつける
⑤ チャイナボタンをつける

▽ 作り方ポイント
＜ビュスチエ＞
・表身頃は芯をはったシルクサテンとコード刺繍のチュールを重ねて、回りにジグザグミシンをかけておく
・見返しに芯をはる
・胸部分の縫い代には切込みを入れる
・アンダー身頃のボーンは上端はミシン目ぎりぎりまで差し込み、裾は表布と同じ長さにそろえ、ベルトと縫い合わせる
＜ボレロ＞
・裏打ち布のチュールは、チュールスカートを作る場合は残ったところで裁つといい
・身頃と袖にはチュールの裏打ち布をつける
・衿はチュールを裏打ちした表衿とチュールの裏衿を縫い返して作る
・袖口フリルにはスカラップ部分をカットしてとじつける

✂ 裁合せ図

ビュスチエ表身頃、ボレロ（コード刺繍のチュール）

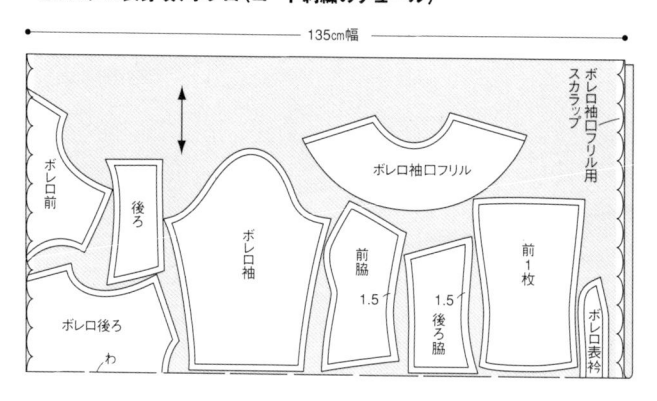

ビュスチエ表身頃土台布、見返し、くるみボタン（シルクサテン）

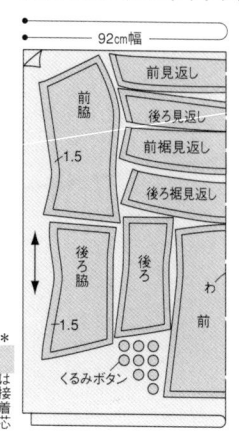

ビュスチエアンダー身頃（薄手シーチング）

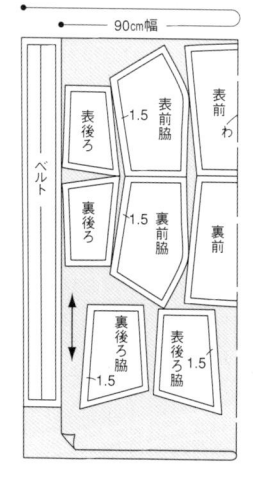

ボレロ裏打ち布（チュール）

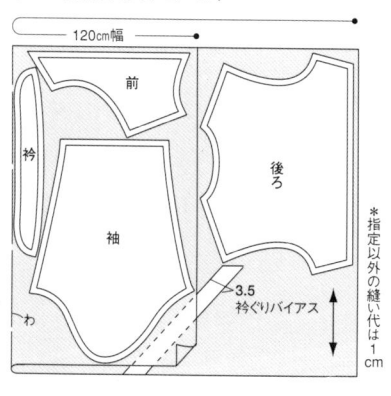

＊指定以外の縫い代は1cm
＊ は接着芯

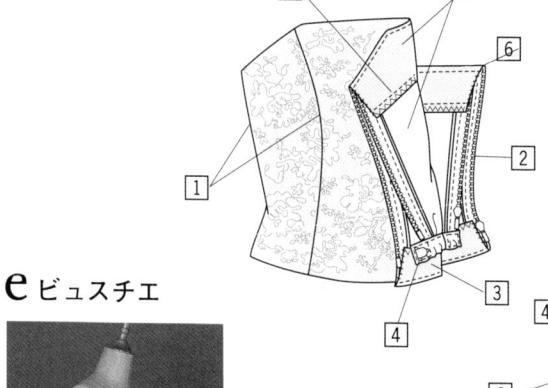

e ビュスチエ

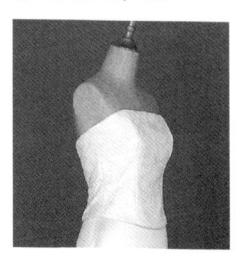

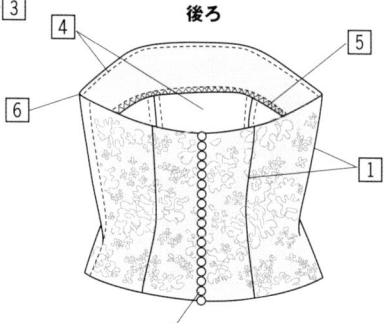

表身頃のパーツを作る

表身頃を作る

前／後ろ
見返し（シルクサテン）／（表）
裏に芯をはる

芯をはったシルクサテン
コード刺繍のチュール

細かく切込みを入れる
オープンファスナーをつける
表身頃（裏）
オープンファスナー

前裾見返し／後ろ裾見返し
見返し（シルクサテン）／（表）
裏に芯をはる

アンダー身頃を作る

シーチング
①2枚合わせてステッチをかける
0.9
オープンファスナー
端を折ってオープンファスナーをつける
1
1.5
②ボーンの先をステッチ位置まで差し込む
1.5

1
3.5
ゴムテープを通す 57/62/67/72
①ベルトをつける
②折ってステッチ
4

3
前かんをつける
ゴムテープを縫いとめる
ゴムテープを縫いとめる

表身頃とアンダー身頃の合せ方

アンダー身頃
見返し
見返し
裾見返し
表身頃（裏）
前かん
表側に前かん

見返し（裏）／見返し（表）
表身頃
アンダー身頃
ステッチ
裾見返し（裏）／裾見返し（表）
見返しと縫い代を縫い合わせる

ホック
見返しをアンダー身頃にミシンでつける
アンダー身頃にまつりつける
ホック
まつりつける
見返しをまつりつける

見返し
表身頃
アンダー身頃

仕上げ

後ろ中心にくるみボタンを18個つける（シルクサテン）

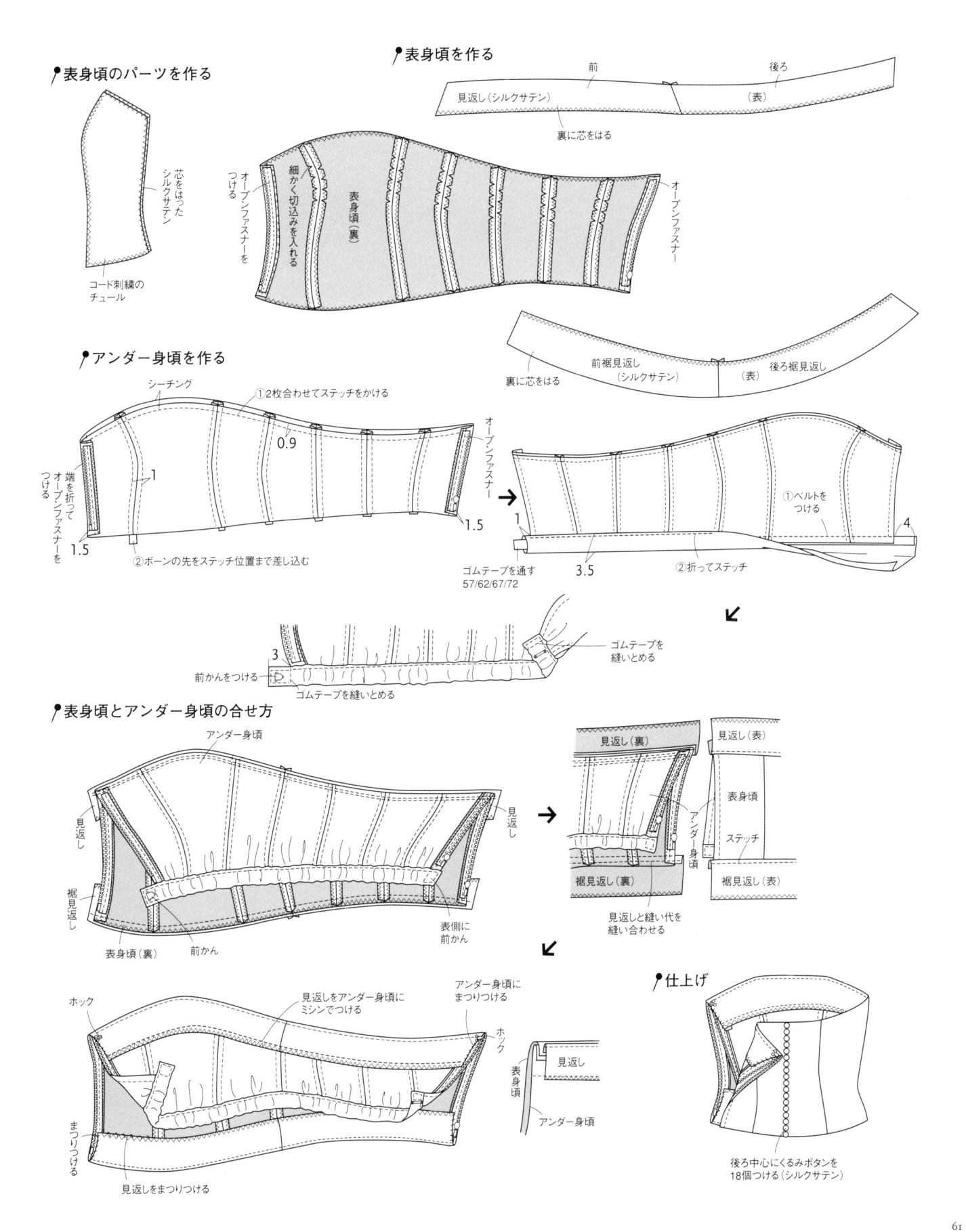

h ボレロ

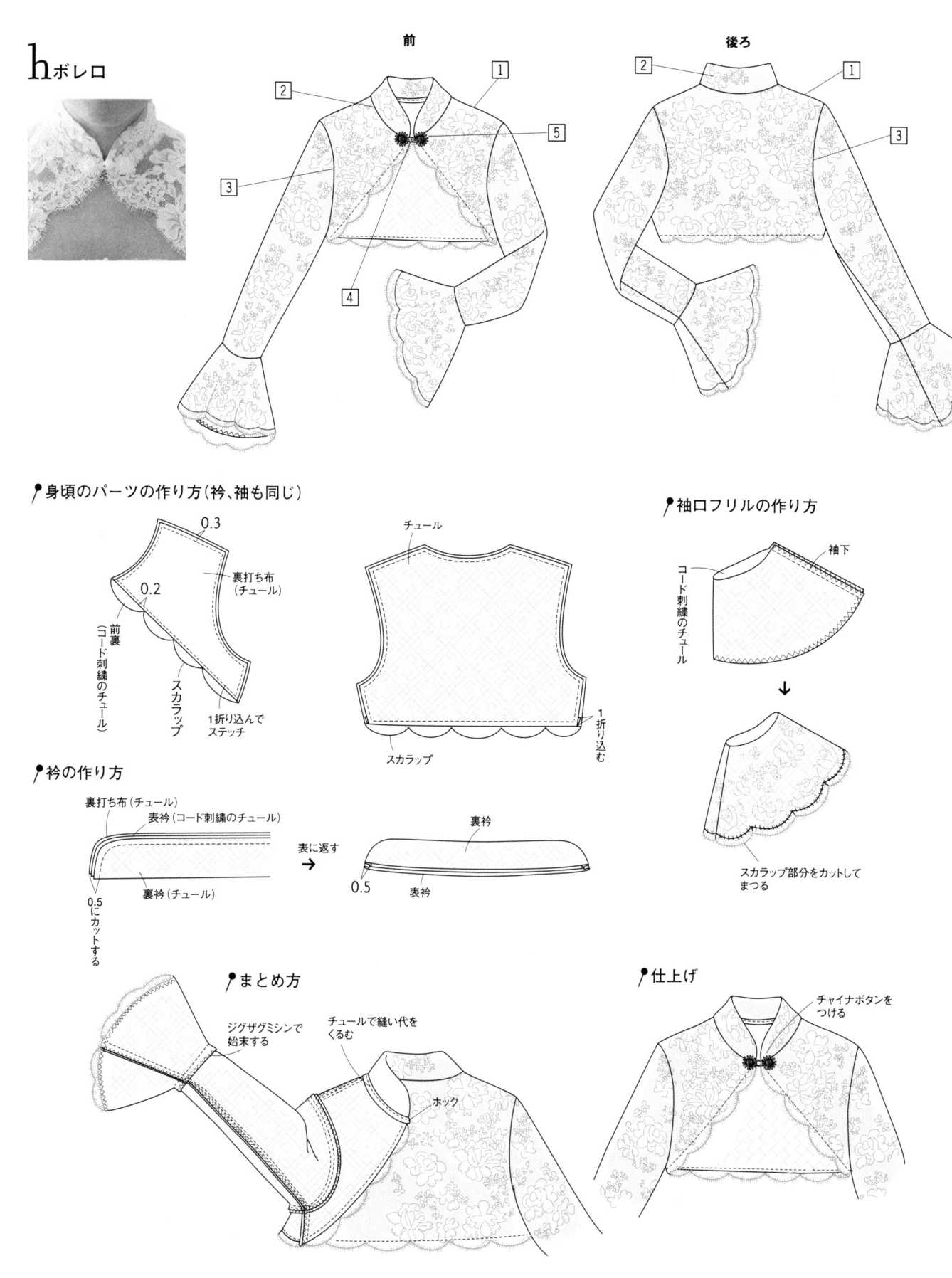

前　後ろ

身頃のパーツの作り方（衿、袖も同じ）

0.3
0.2
裏打ち布（チュール）
前裏（コード刺繍のチュール）
スカラップ
1折り込んでステッチ

チュール
スカラップ
1折り込む

袖口フリルの作り方

コード刺繍のチュール
袖下

↓

スカラップ部分をカットしてまつる

衿の作り方

裏打ち布（チュール）
表衿（コード刺繍のチュール）
裏衿（チュール）
0.5にカットする

表に返す→

裏衿
0.5　表衿

まとめ方

ジグザグミシンで始末する
チュールで縫い代をくるむ
ホック

仕上げ

チャイナボタンをつける

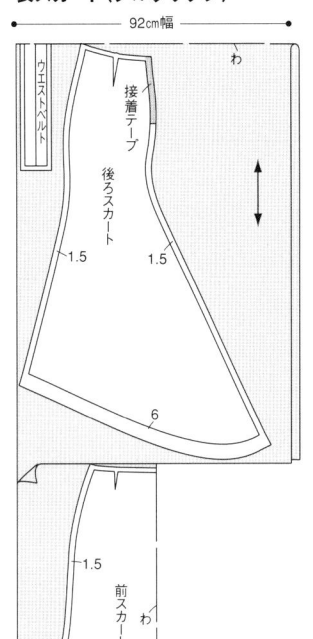

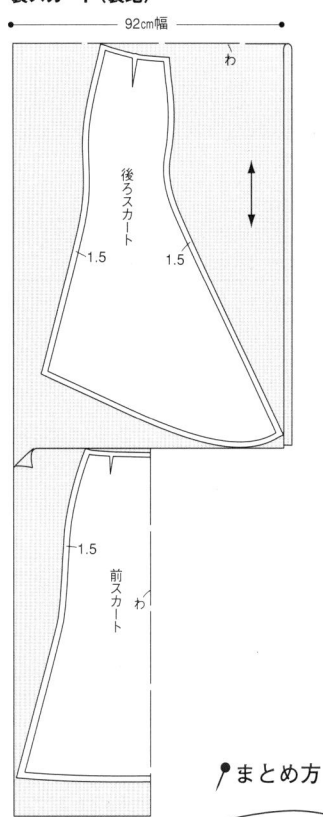

g

▽ 材料
- シルクサテン＝92cm幅4m
- 裏地＝92cm幅3.8m
- 1.5cm幅接着テープ
- コンシールファスナー＝25cm1本
- 接着インサイドベルト＝3.5cm幅64cm/69cm/74cm/79cm
- ホースヘアブレード＝5cm幅2.6m
- 前かん＝2組み

▽ 縫い方順序
1. 表スカートのダーツを縫う
2. 表スカートの後ろ中心を縫い合わせる
3. 表スカートにファスナーをつける
4. 表スカートの脇を縫う
5. 裏スカートを作る
6. 表スカートと裏スカートを合わせてウエストベルトをつける
7. 裾の始末をする
8. ウエストベルトに前かんをつける

▽ 作り方ポイント
- 表スカートのファスナーつけ部分には接着テープをはる
- 裏打ち仕立てにする
- ダーツは中心側に倒す
- 裾の仕上げ方は47ページを参照

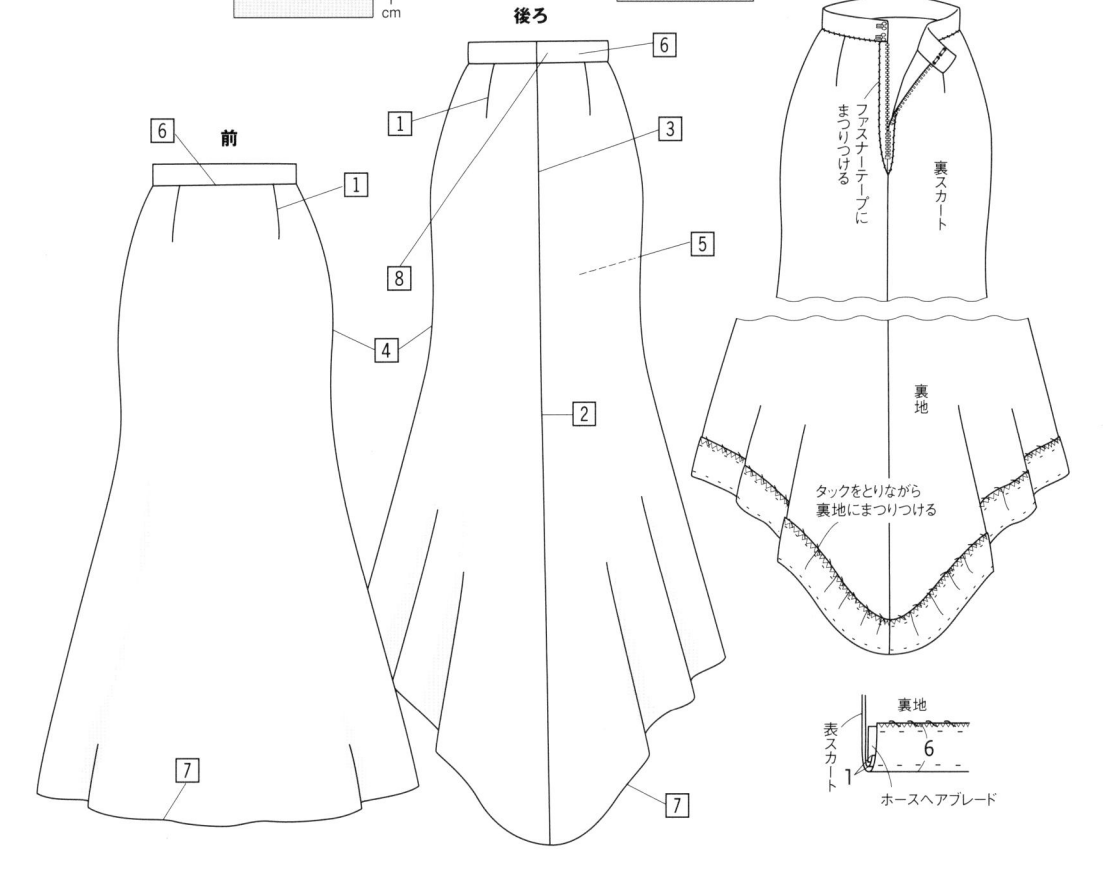

f

▽ 材料
- ブライダルチュール（オーバースカート4枚）＝300cm幅8.7m/9.2m/9.6m/9.9m
- ポリエステルサテン（アンダースカート、ウエストベルト）＝120cm幅5.9m
- 1.5cm幅接着テープ
- コンシールファスナー＝25cm1本
- 接着インサイドベルト＝3.5cm幅64cm/69cm/74cm/79cm
- 前かん＝2組み

▽ 縫い方順序
1. アンダースカートの後ろ中心を縫う
2. アンダースカートにファスナーをつける
3. アンダースカートをはぎ合わせる
4. アンダースカートの裾を仕上げる
5. オーバースカートをはぎ合わせる
6. オーバースカートの後ろあきを作る
7. オーバースカート4枚とアンダースカートを合わせてウエストベルトをつける
8. ウエストベルトに前かんをつける

▽ 作り方ポイント
- オーバースカートの裾は裁切りにする
- アンダースカートのファスナーつけ部分には接着テープをはる
- オーバースカートは2枚ずつまとめてウエストにギャザーを寄せる
- オーバースカートの後ろのあきは二つ折りにしてミシンをかける
- ウエストベルトはポリエステルサテンで作る

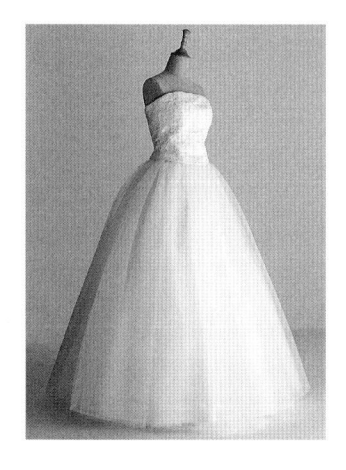

✂ 裁合せ図

オーバースカート4枚分（ブライダルチュール） 300cm幅

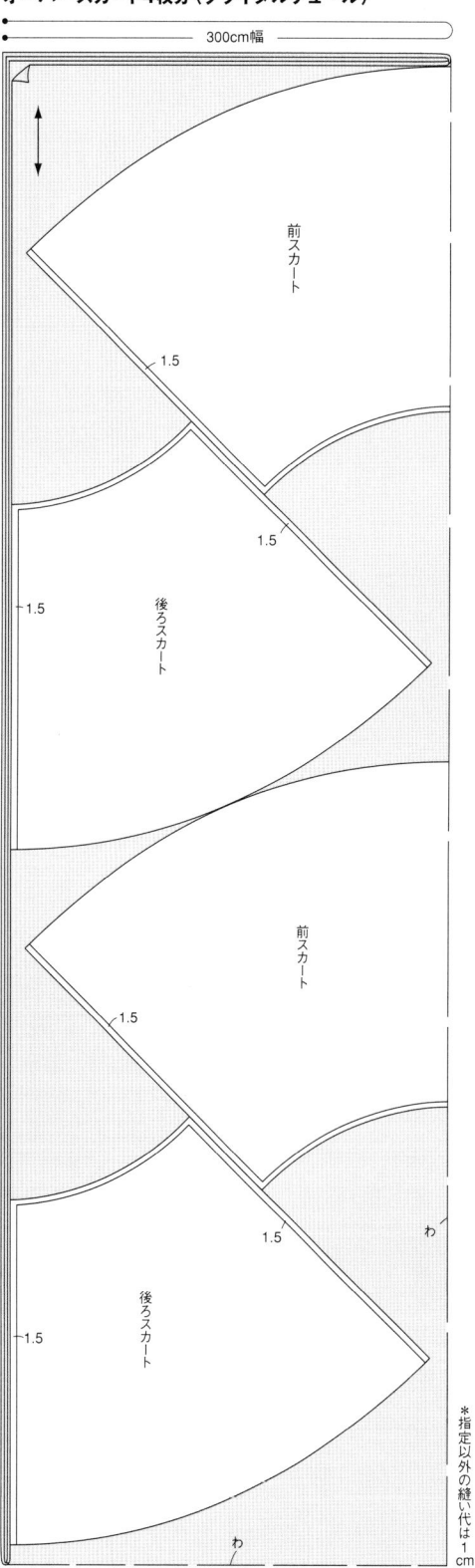

アンダースカート、ウエストベルト（ポリエステルサテン） 120cm幅

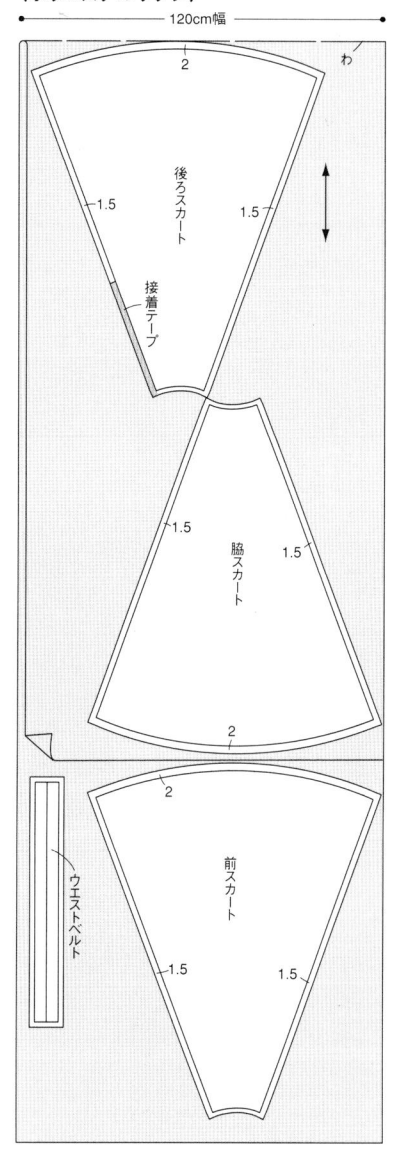

＊指定以外の縫い代は1cm

製図

オーバースカート

27.5/29.5/31.5/33.5

4.9/5.7/6.5/7.3

25

ギャザー

あき止り（後ろ）

111

前後スカート

前中心わ、後ろ中心はぎ

4

79/81/83/85

パターンの作り方

ギャザー

脇

後ろスカートははぎ

前スカートはわ

前後中心

111

わ

☆アンダースカートとウエストベルトの製図は53ページ

前

7

5

4

3

後ろ

8

2

1

6

5

まとめ方

①ギャザーを寄せる

②縫い合わせる

アンダースカート（ポリエステルサテン）

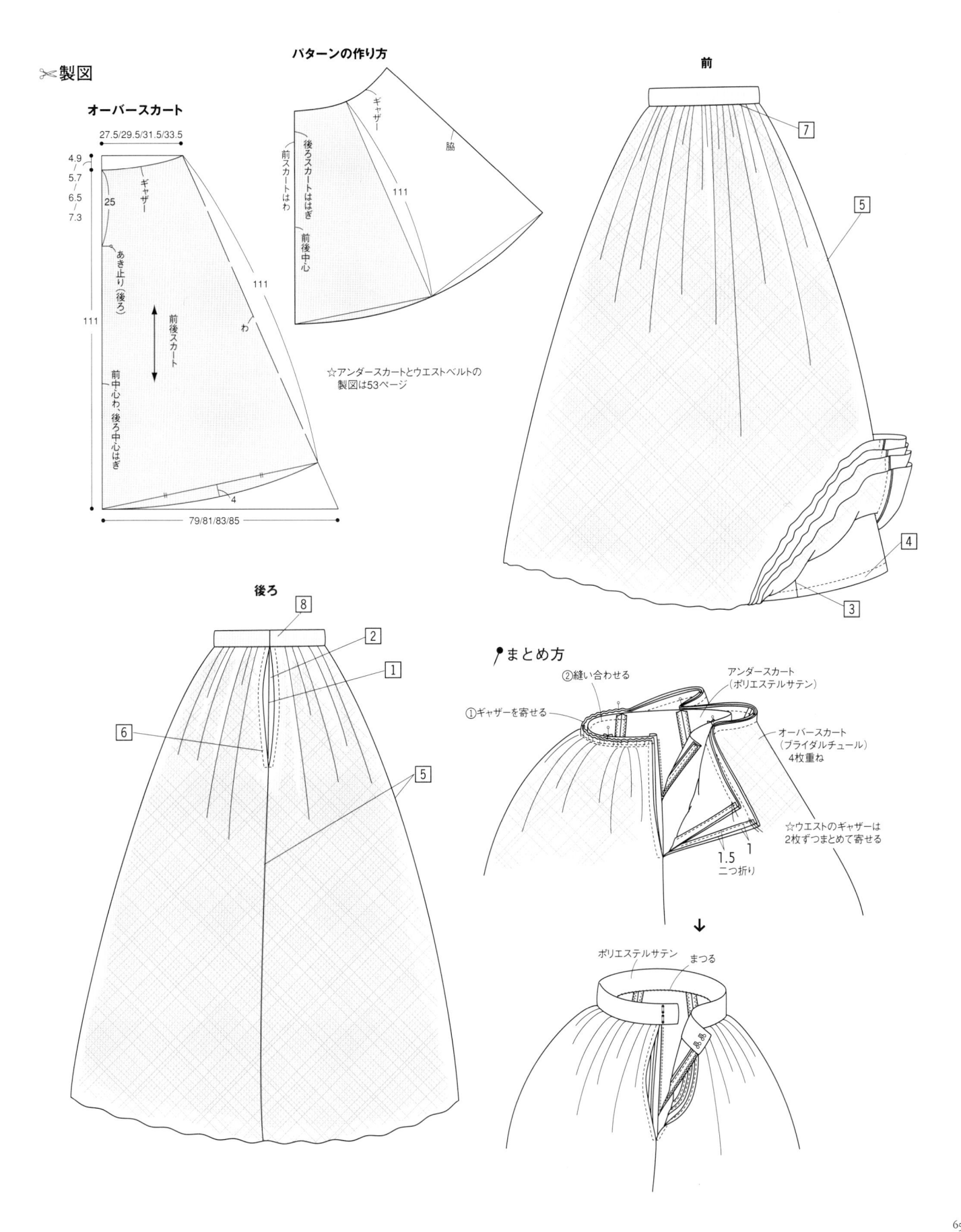

オーバースカート（ブライダルチュール）4枚重ね

☆ウエストのギャザーは2枚ずつまとめて寄せる

1.5 / 1

二つ折り

↓

ポリエステルサテン　まつる

i

▽ 材料
＜ドレス＞
・シルクタフタ＝95cm幅10.6m
・厚手接着芯（表身頃、飾りリボン、くるみボタン）＝90cm幅1.3m
・1.5cm幅接着テープ
・コンシールファスナー＝43cm/43cm/43.5cm/44cm1本
・テープつきボーン＝2cm幅50cm
・くるみボタン＝直径1.4cm15個
・リボン＝2cm幅5m
・ホック＝1組み
・スナップ＝2組み
＜ベール＞
・トーク＝直径13.5cm高さ5cm
・ソフトチュール＝180cm幅1.9m
・リボン＝2cm幅50cm
・アートフラワー＝プリンセスローズ(2-76)小4個

▽ 縫い方順序
＜ドレス＞
1. 表身頃、裏身頃それぞれの切替えを縫い合わせる
2. 表身頃、裏身頃それぞれの肩を縫う
3. 裏身頃をつける
4. 表身頃と裏身頃の脇を続けて縫う
5. 表身頃脇にボーンをつける
6. スカートを縫い合わせる
7. 裾を仕上げる
8. 表身頃とスカートを縫い合わせる
9. ウエストにリボンをつける
10. ファスナーをつける
11. 裏身頃を表身頃にまつりつける
12. 衿ぐりにリボンをつける
13. くるみボタンをつける
14. 飾りリボンを作る
15. ホックをつける
16. スナップをつける

▽ 作り方ポイント
・表身頃と飾りリボン、くるみボタンには芯をはる
・スカートのファスナーつけ部分の縫い代には接着テープをはる
・表身頃と裏身頃は同じ布を使って仕立てる。作り方は91ページ参照
・裏身頃はファスナーテープとウエスト縫い代にまつりつける
・衿ぐりとウエストの中心部分では、リボンをラインにそってたたんでつける
・くるみボタンは右後ろ身頃の後ろ中心につける
・ベールの作り方は93ページ

✂ 裁合せ図

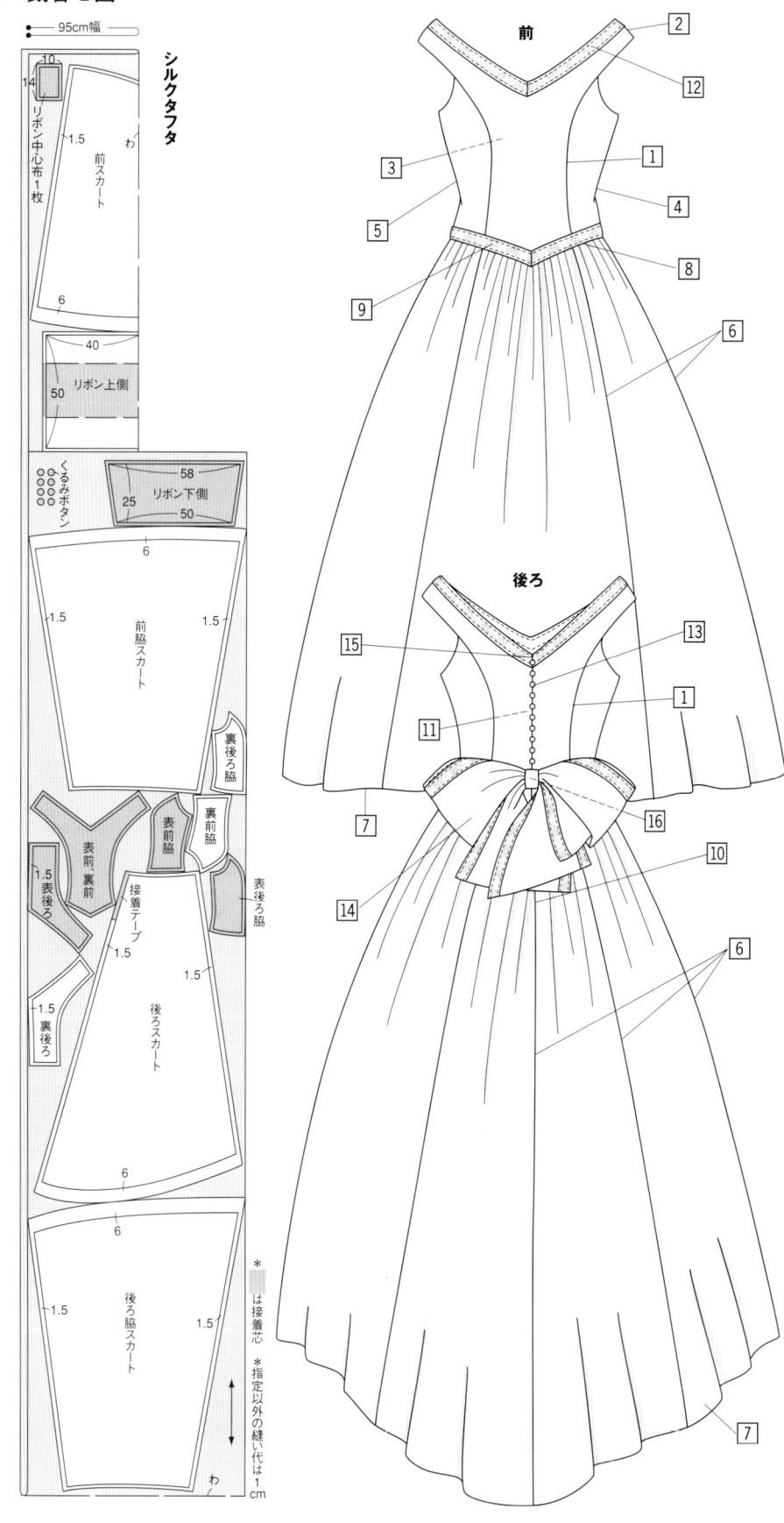

身頃の作り方

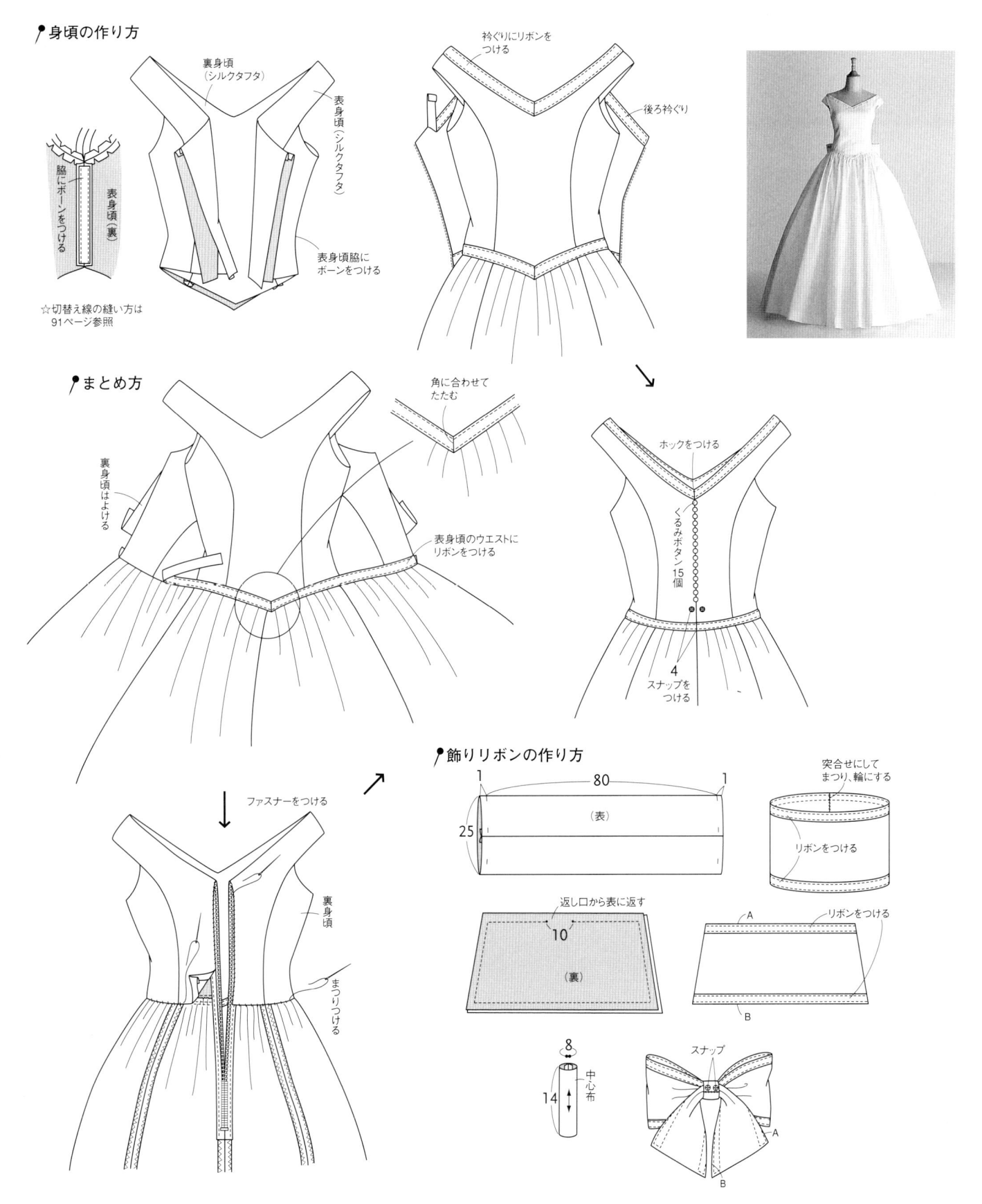

- 裏身頃（シルクタフタ）
- 表身頃（シルクタフタ）
- 脇にボーンをつける
- 表身頃（裏）
- 表身頃脇にボーンをつける
- ☆切替え線の縫い方は91ページ参照
- 衿ぐりにリボンをつける
- 後ろ衿ぐり

まとめ方

- 裏身頃はよける
- 角に合わせてたたむ
- 表身頃のウエストにリボンをつける
- ホックをつける
- くるみボタン15個
- 4 スナップをつける
- ファスナーをつける
- 裏身頃
- まつりつける

飾りリボンの作り方

- 80
- 25
- （表）
- 突合せにしてまつり、輪にする
- リボンをつける
- 返し口から表に返す
- 10
- （裏）
- A
- B
- リボンをつける
- 8
- 14
- 中心布
- スナップ
- A
- B

✂ 製図

☆基本スカートを基に製図し、切替え線から下をパターンとして使用する

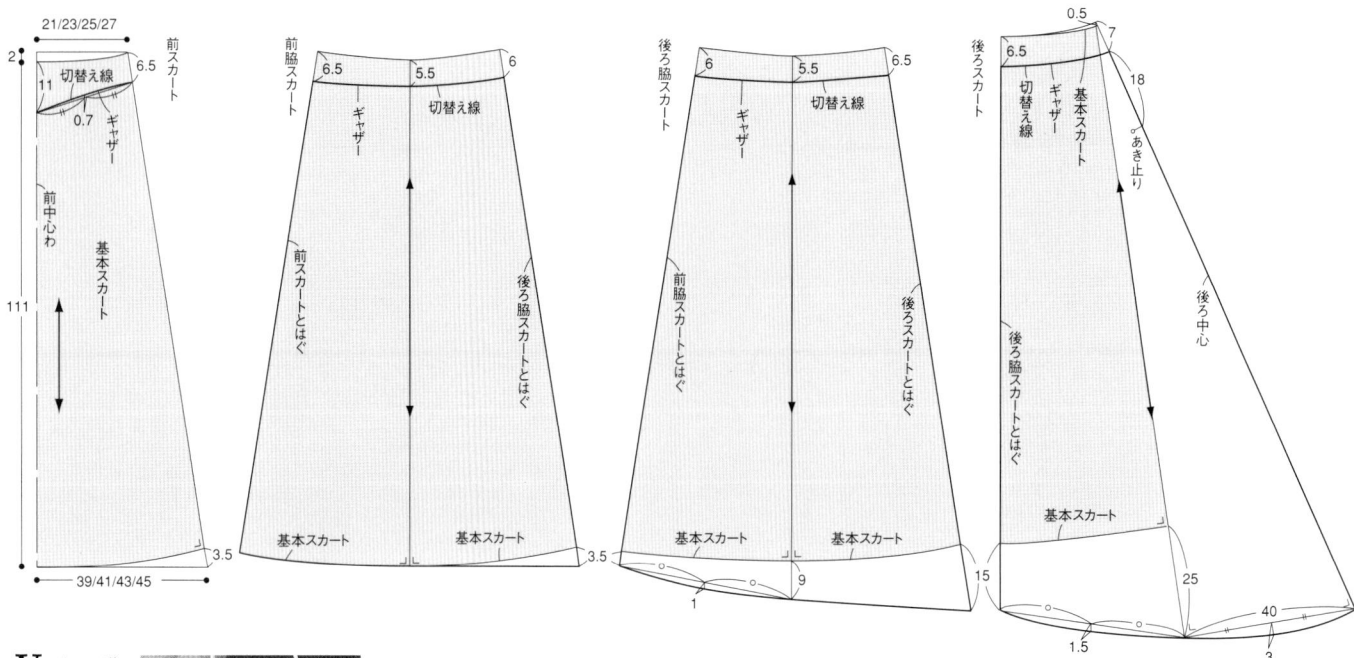

前スカート: 21/23/25/27、2、11、0.7、6.5、前中心わ、基本スカート、111、39/41/43/45、3.5

前脇スカート: 6.5、5.5、6、ギャザー、切替え線、前スカートとはぐ、後ろ脇スカートとはぐ、基本スカート、3.5、1、9

後ろ脇スカート: 6、5.5、6.5、ギャザー、切替え線、前脇スカートとはぐ、後ろスカートとはぐ、基本スカート、1.5、15、3

後ろスカート: 0.5、7、6.5、ギャザー、切替え線、18、あき止り、後ろ中心、後ろ脇スカートとはぐ、基本スカート、25、40

V バッグ

ソフトチュール
40、30、2枚、タックをたたむ、中心にギャザーを寄せて縮める、適当にタックをたたむ

♪ 表袋を作る
余分をカットする、ソフトチュール、サテンシャンタン（芯をはる）

♪ 裏袋と合わせる
裏袋（サテンシャンタン）、返し口、返し口から返しとじ合わせる、袋をとじつける、長さ32、2、2、ばらをつける

♪ 持ち手の作り方とつけ方
並太毛糸を2本通す、0.7、長さ38、持ち手つけ布で巻く、2、2、とじる

j

▽ 材料
<ドレス>
・ビーズオーガンジーコードレース(表身頃、オーバースカート)＝120cm幅3.1m/3.1m/3.2m/3.5m
・ポリエステルサテン(身頃土台布、アンダースカート、見返し)＝140cm幅2.6m
・厚手接着芯(身頃土台布、見返し、くるみボタン)＝90cm幅70cm
・1.5cm幅接着テープ
・コンシールファスナー＝45cm1本
・テープつきボーン＝2cm幅53cm
・ゴムテープ＝1.5cm幅33cm/34cm/35cm/36cm
・くるみボタン＝直径1.2cm1個、1.4cm48個
・ホック＝1組み
<ベール>
・ソフトチュール＝180cm幅2.7m
・ヘアバンド(WH-HB417)＝1個
・ヘアコーム＝6.5cm1個
・アートフラワー＝ブバリア(チューブつき2-115)20個入り2パック、アートかすみ(2-8)24個入り1パック

▽ 縫い方順序
<ドレス>
① 身頃のダーツを縫う
② 身頃の脇を縫う
③ 身頃土台布に見返しをつける
④ 脇にボーンをつける
⑤ 袖を作ってつける
⑥ アンダースカートの裾を始末し、スカートを2枚一緒にはぎ合わせる
⑦ 身頃とスカートを縫い合わせる
⑧ ファスナーをつける
⑨ 後ろ身頃あきを三つ折りで仕上げる
⑩ くるみボタンをつける
⑪ ホックをつける

▽ 作り方ポイント
<ドレス>
・身頃はビーズオーガンジーコードレースとポリエステルサテンを合わせて、脇とウエスト縫い代にジグザグミシンをかけておく
・身頃土台布、見返しには芯をはる
・アンダースカートのファスナーつけ部分の縫い代には接着テープをはる
・アンダースカートの裾は三つ折りにして、裾線はオーバースカートのスカラップからのぞかない、ぎりぎりの長さにする
・縫い代にビーズがある場合はペンチで割ってから縫い合わせる
・後ろ身頃のオーガンジー部分のあきは三つ折りにしてまつるが、そのときループをはさむ

✂ 裁合せ図

表身頃、オーバースカート(ビーズオーガンジーコードレース)

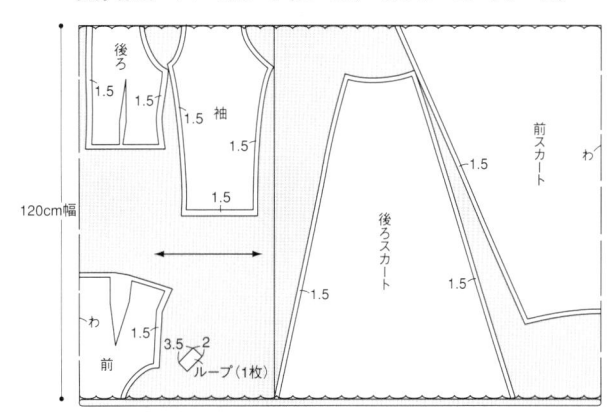

身頃土台布、アンダースカート、見返し(ポリエステルサテン)

✂ 製図　スカート

前　　　　　　　　　　　　　　　後ろ

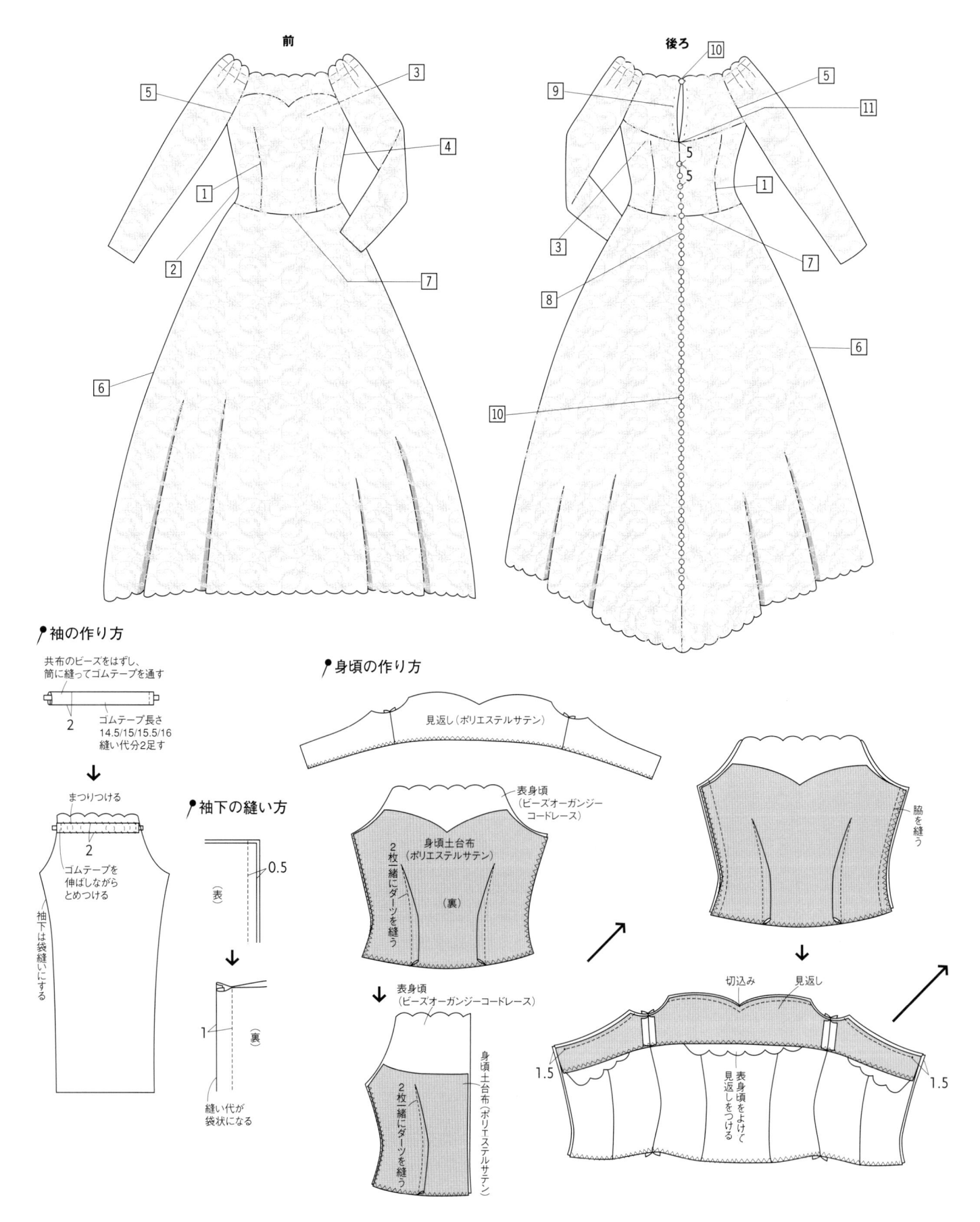

袖の作り方
共布のビーズをはずし、筒に縫ってゴムテープを通す
ゴムテープ長さ 14.5/15/15.5/16
縫い代分2足す

まつりつける
ゴムテープを伸ばしながらとめつける
袖下は袋縫いにする

袖下の縫い方
（表）
0.5
（裏）
1
縫い代が袋状になる

身頃の作り方
見返し（ポリエステルサテン）
表身頃（ビーズオーガンジーコードレース）
身頃土台布（ポリエステルサテン）
2枚一緒にダーツを縫う
（裏）

表身頃（ビーズオーガンジーコードレース）
身頃土台布（ポリエステルサテン）
2枚一緒にダーツを縫う

脇を縫う

切込み　見返し
表身頃をよけて見返しをつける
1.5　　1.5

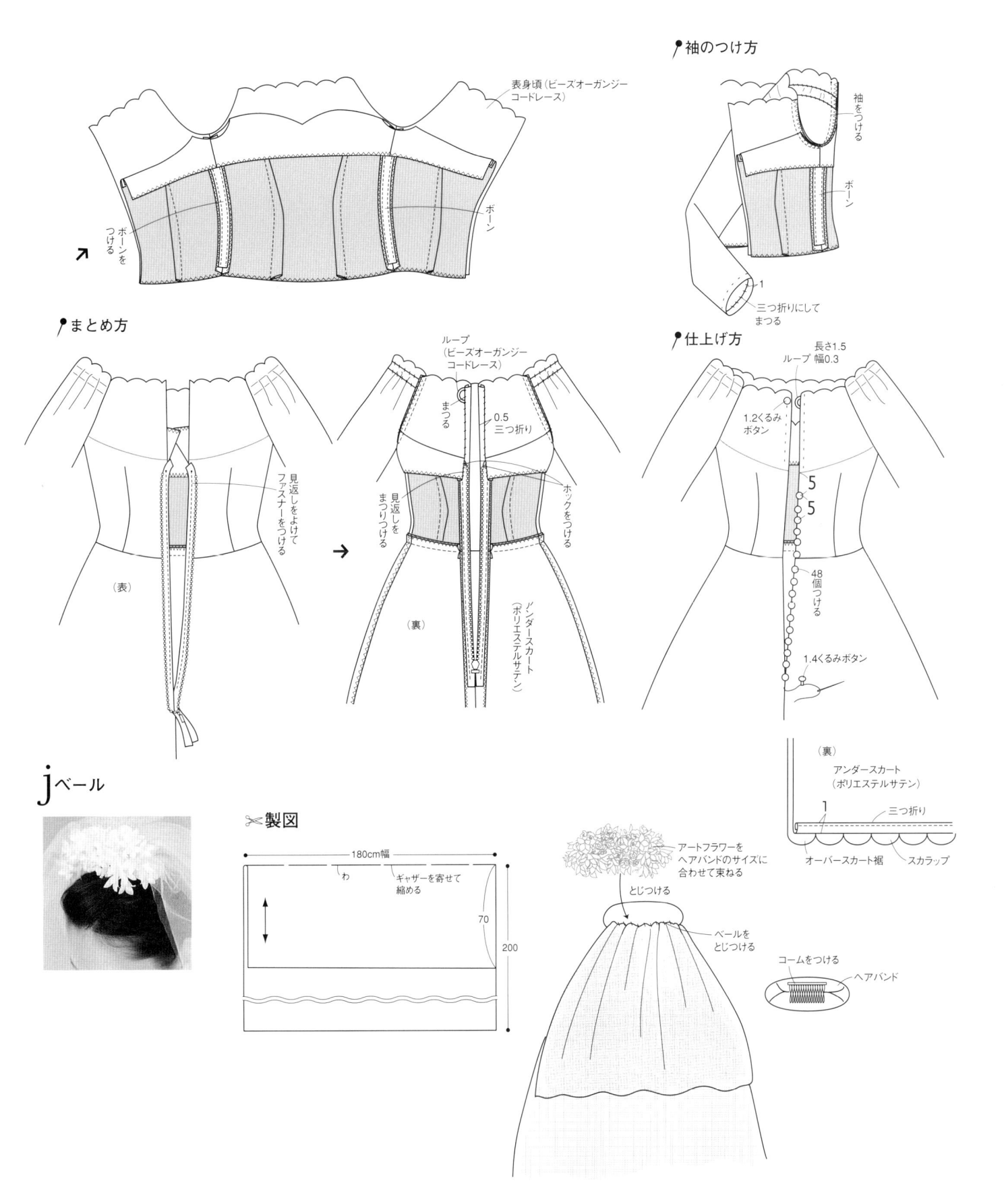

表身頃（ビーズオーガンジーコードレース）

ボーン

ボーンをつける

袖のつけ方
袖をつける
ボーン
1
三つ折りにしてまつる

まとめ方
見返しをよけてファスナーをつける
（表）

ループ（ビーズオーガンジーコードレース）
まつる
0.5 三つ折り
見返しをまつりつける
ホックをつける
アンダースカート（ポリエステルサテン）
（裏）

仕上げ方
長さ1.5 ループ 幅0.3
1.2くるみボタン
5
5
48個つける
1.4くるみボタン

（裏）
アンダースカート（ポリエステルサテン）
1
三つ折り
オーバースカート裾
スカラップ

j ベール

製図
180cm幅
わ
ギャザーを寄せて縮める
70
200

アートフラワーをヘアバンドのサイズに合わせて束ねる
とじつける
ベールをとじつける
コームをつける
ヘアバンド

k + l

▽ 材料
- ブライダルレース(トップ表身頃、スカート)=132cm幅2.6m/2.6m/2.7m/2.7m
- ポリエステルサテン(見返し、ウエストベルト)=92cm幅80cm/80cm/90cm/90cm
- 裏地(トップ裏身頃)=92cm幅60cm
- 厚手接着芯(トップ表身頃、見返し)=90cm幅1.3m
- 1.5cm幅接着テープ
- オープンファスナー=25cm/25cm/25.5cm/26cm1本
- コンシールファスナー=25cm1本
- 接着インサイドベルト=3cm幅65cm/69cm/74cm/79cm
- テープつきボーン=2cm幅50cm
- ホック=1組み
- 前かん=1組み
- 竹ビーズ=長さ0.6cm約220個

▽ 縫い方順序
<トップ>
1. 表身頃の切替え線を縫い合わせる
2. 表身頃の肩を縫う
3. 裏身頃を作り、つける
4. 表身頃と裏身頃の脇を続けて縫う
5. 脇にボーンをつける
6. ファスナーをつける
7. ファスナーテープに裏身頃をまつりつける
8. ホックをつける
9. ビーズをつける

<スカート>
1. 後ろ中心を縫い合わせる
2. ファスナーをつける
3. 脇を縫う
4. ウエストベルトをつける
5. ウエストベルトに前かんをつける

▽ 作り方ポイント
<トップ>
- 表身頃と見返しには芯をはる
- 芯をはる場合は、毛布など柔らかい布を敷いてその上で接着させると、ビーズの部分など凹凸のあるところにもきれいにはれる

<スカート>
- ファスナーつけ部分の縫い代には接着テープをはる

✂ 裁合せ図

トップ表身頃、スカート(ブライダルレース) 132cm幅

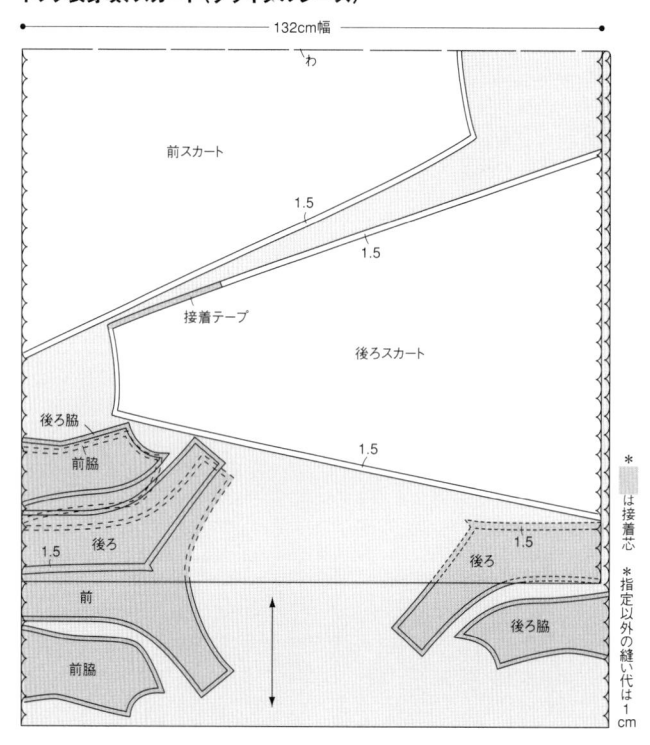

見返し、ウエストベルト(ポリエステルサテン) 92cm幅

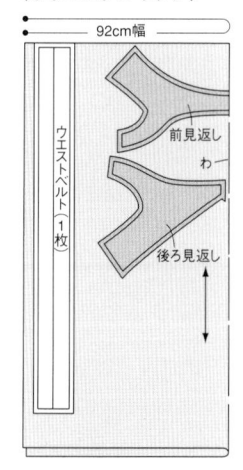

[トップ裏身頃](裏地) 92cm幅

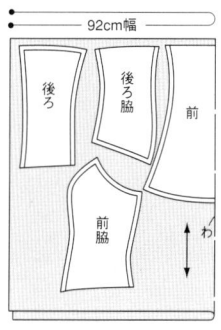

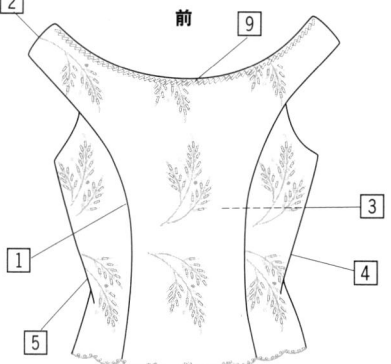

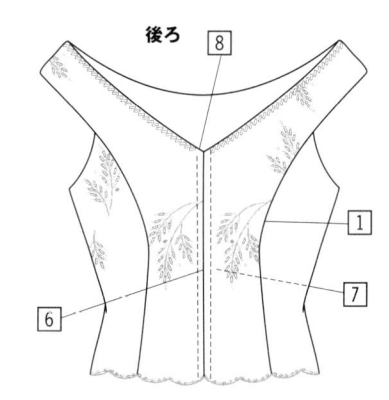

*　　は接着芯
*指定以外の縫い代は1cm

k トップ
前
後ろ

裏身頃の作り方

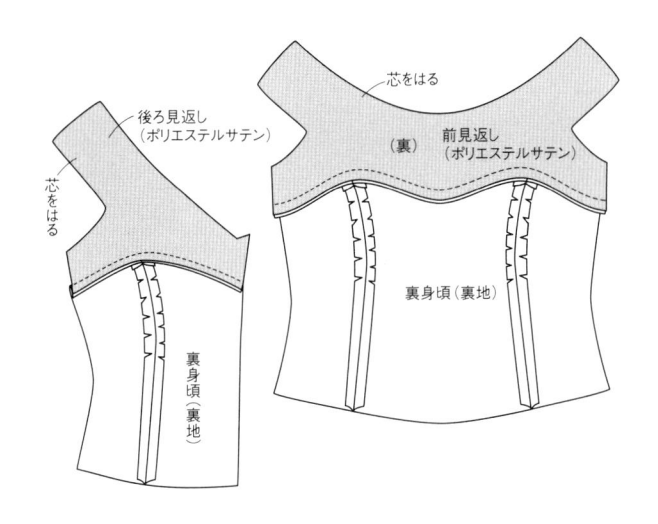

- 後ろ見返し（ポリエステルサテン）
- 芯をはる
- 前見返し（ポリエステルサテン）
- 裏身頃（裏地）
- 裏身頃（裏地）

↓

- 後ろ見返し
- 裏身頃
- 1 三つ折り

裏身頃のつけ方

91、92ページを参照して表身頃と裏身頃を縫い合わせる

- 見返し
- 裏身頃
- 表身頃

脇の縫い方

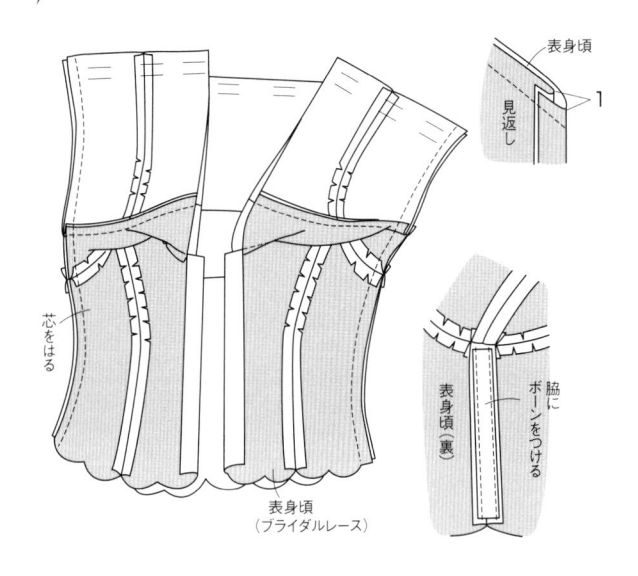

- 芯をはる
- 表身頃
- 見返し
- 1
- 表身頃（ブライダルレース）
- 脇にボーンをつける
- 表身頃（裏）

まとめ方

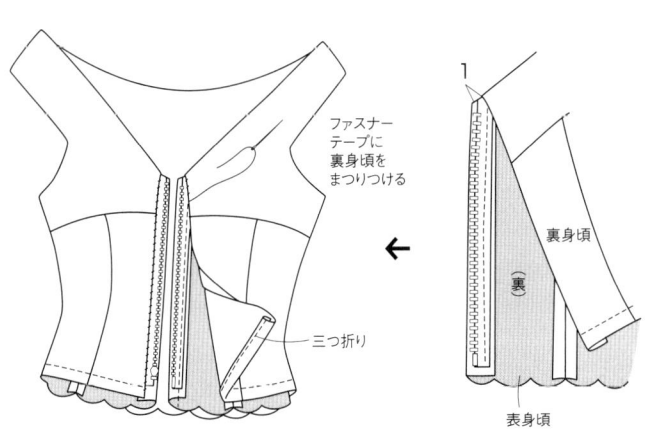

- ファスナーテープに裏身頃をまつりつける
- 三つ折り
- 1
- （裏）
- 裏身頃
- 表身頃

↓

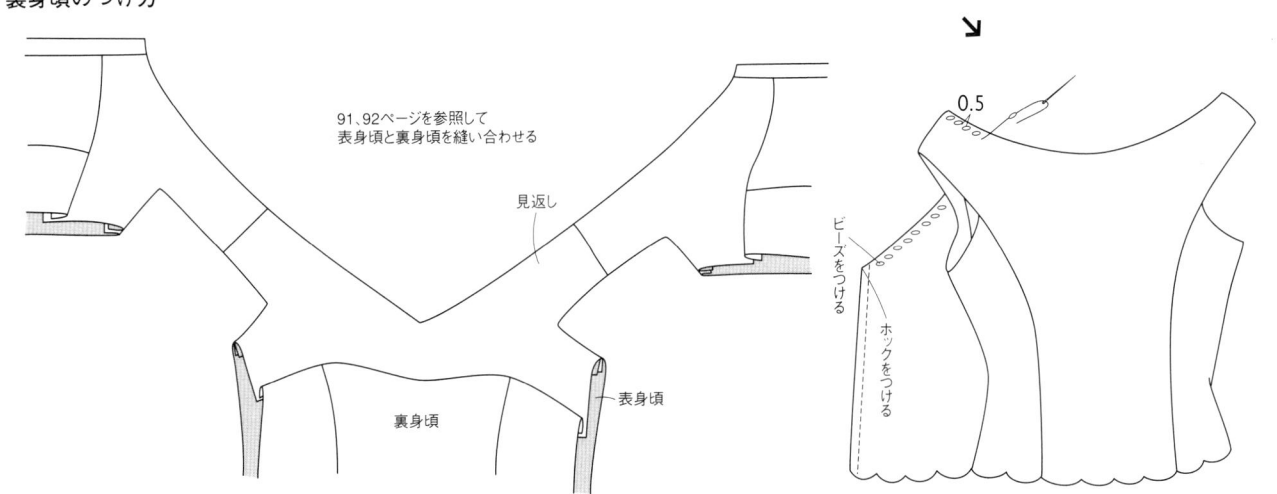

- 0.5
- ビーズをつける
- ホックをつける

1 スカート

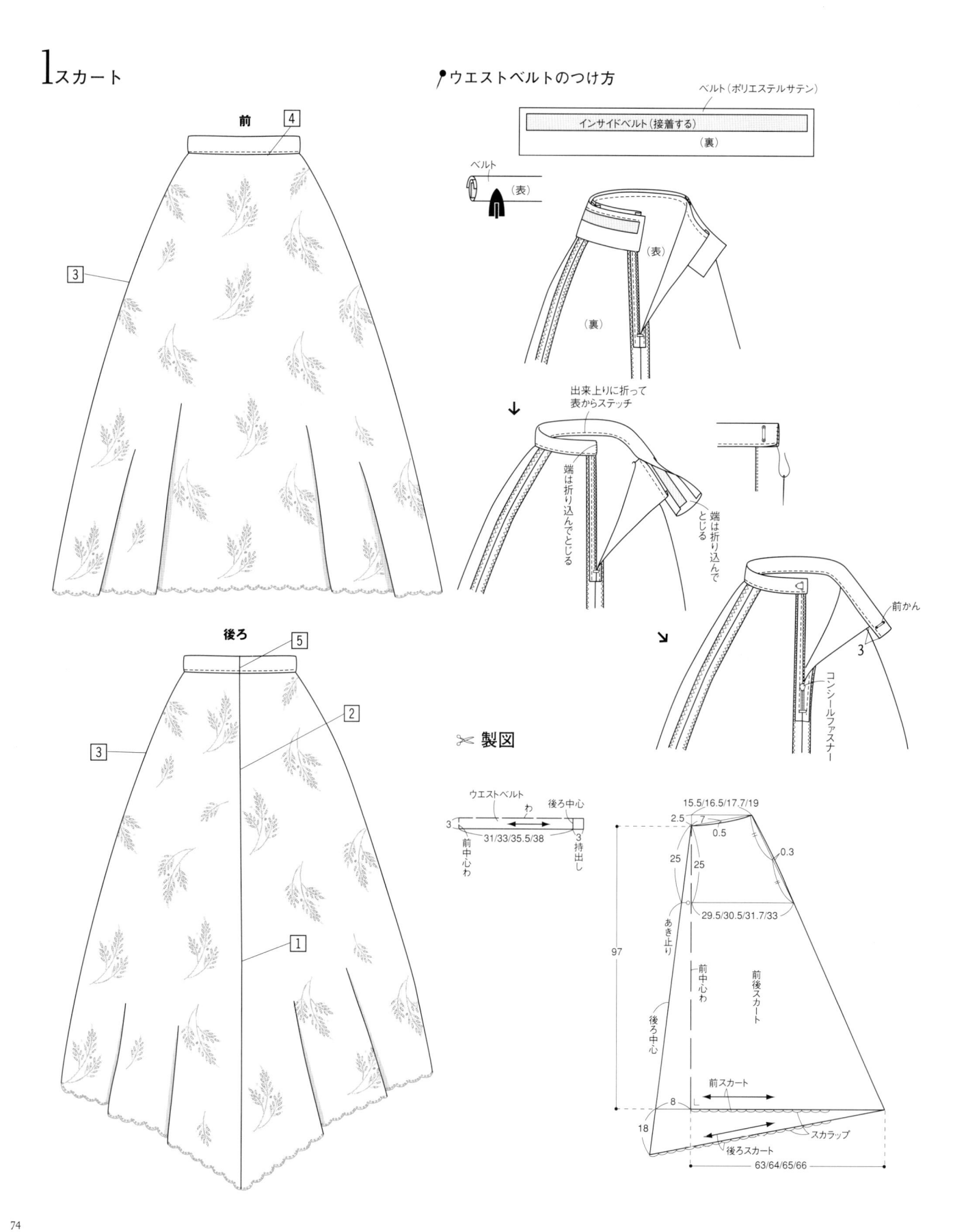

前

後ろ

ウエストベルトのつけ方

ベルト（ポリエステルサテン）
インサイドベルト（接着する）
（裏）

ベルト
（表）

出来上りに折って表からステッチ
端は折り込んでとじる
端は折り込んでとじる

前かん
コンシールファスナー
3

製図

ウエストベルト
わ
3　後ろ中心
31/33/35.5/38　3　持出し
前中心わ

15.5/16.5/17.7/19
2.5　7
0.5
25　25
0.3
29.5/30.5/31.7/33
あき止り
97
前中心わ
後ろ中心
前後スカート
前スカート
8
18
後ろスカート
スカラップ
63/64/65/66

m

▽ 材料
- 富士絹(表身頃、裏身頃)=92cm幅1.1m
- 厚手接着芯(表身頃)=90cm幅70cm
- オープンファスナー=28cm/28cm/29cm/29cm1本
- ホック=1組み
- 丸ビーズ=直径0.2cm、0.4cm各適宜

▽ 縫い方順序
1. 表身頃、裏身頃それぞれの切替えを縫う
2. 肩ひもを作る(P.97参照)
3. 裏身頃をつける
4. ファスナーをつける
5. ホックをつける
6. ビーズをつける

▽ 作り方ポイント
- 表身頃には芯をはる
- 表身頃、裏身頃とも同じ形に縫い合わせる
- 胸の切替えの縫い代には1cm間隔くらいの切込みを入れると、形よく仕上がる
- 肩ひもは裏身頃をつけるときにはさんで縫う
- オープンファスナーは手縫いで星止めでつける
- ビーズはバランスよくつける

裁合せ図

表身頃、裏身頃(富士絹)

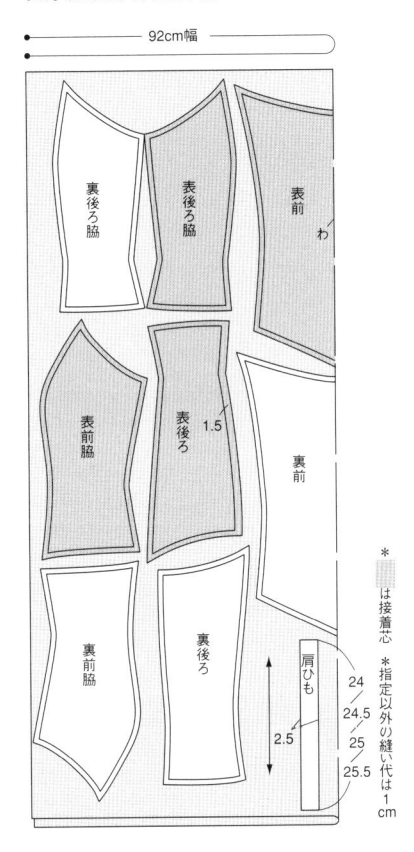

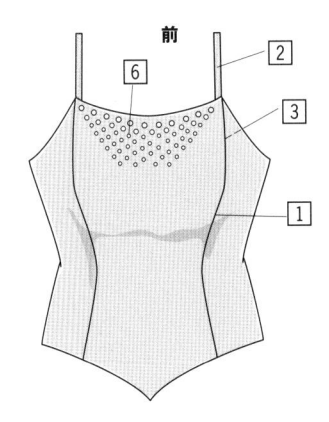

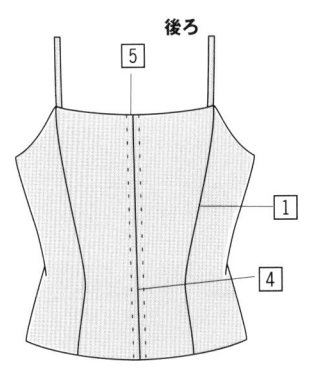

※ は接着芯
※ 指定以外の縫い代は1cm

身頃の作り方

ファスナーのつけ方

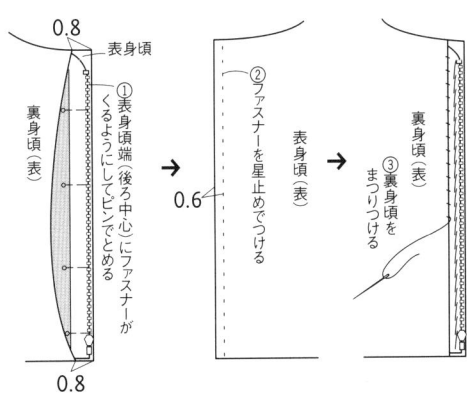

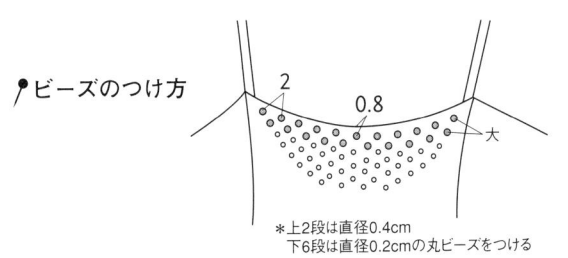

ビーズのつけ方

*上2段は直径0.4cm
下6段は直径0.2cmの丸ビーズをつける

n

▽ 材料
- シルクシノンタフタ（表身頃、裏身頃、表スカート）＝92cm幅5.4m
- 裏地（裏スカート）＝92cm幅5.3m
- 厚手接着芯（表身頃）＝90cm幅60cm
- コンシールファスナー＝45cm/45cm/46cm/46cm1本
- テープつきボーン＝2cm幅20cm
- ホースヘアブレード＝5cm幅3.5m
- リボン＝6cm幅1.6m
- ホック＝1組み

▽ 縫い方順序
1. 表身頃、裏身頃それぞれの切替えを縫い合わせる
2. 裏身頃をつける
3. 表身頃と裏身頃の脇を続けて縫う
4. 表身頃の脇にボーンをつける
5. 肩を縫い合わせる
6. 表、裏それぞれのスカートをはぎ合わせる
7. 表身頃と表スカートを縫い合わせる
8. ファスナーをつける
9. 裏身頃に裏スカートをつける
10. 裾を仕上げる
11. 切替え部分にリボンをつける
12. ホックをつける

▽ 作り方ポイント
- 表身頃には芯をはる
- 表身頃と裏身頃は同じ布を使って同じ形に仕立てる
- 裾の仕上げ方は裏打ち仕立てにする（P.47参照）
- 切替えのリボンは身頃の形に合わせてとじつける

✂ 裁合せ図

表身頃、裏身頃、表スカート（シルクシノンタフタ） — 92cm幅

裏スカート（裏地） — 92cm幅

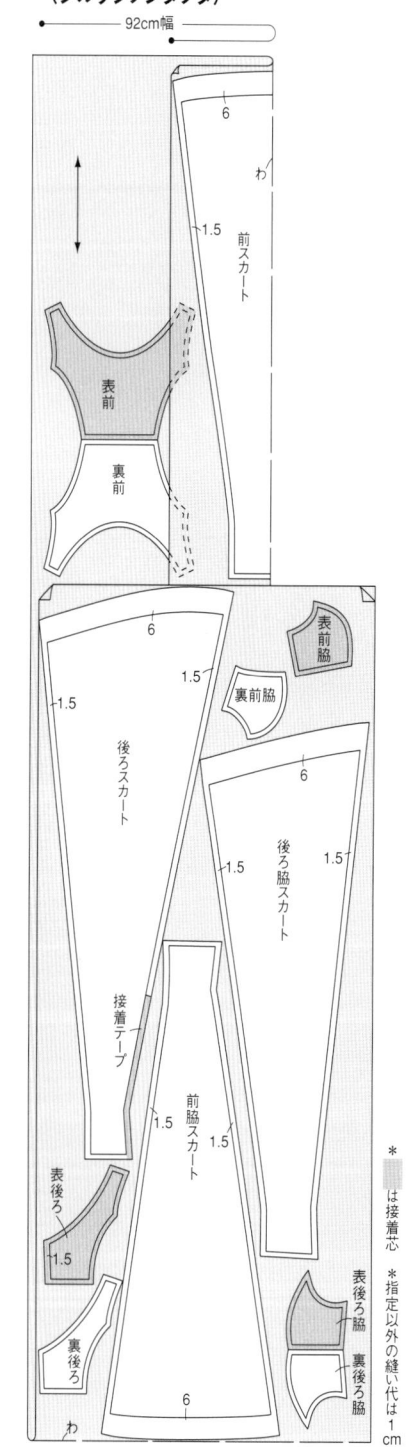

※ は接着芯
※ 指定以外の縫い代は1cm

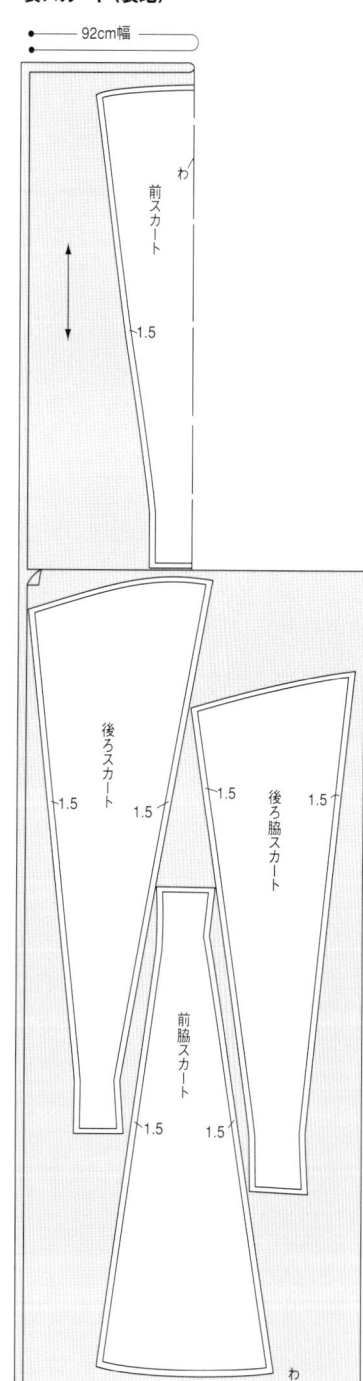

前

前身頃の作り方

裏身頃（シルクシノンタフタ）(裏)
表身頃（シルクシノンタフタ）裏面に芯をはる
ミシン目のきわから折る
裏身頃（裏）

裏身頃と縫い代を縫い合わせる
表身頃（表）
裏身頃（表）

アイロンで形を整える
表身頃（表）

後ろ

後ろ身頃の作り方

表身頃 裏身頃 裏面に芯をはる
裏身頃（裏）

裏身頃と縫い代を縫い合わせる
裏身頃（表）

裏身頃（裏）

裏身頃（表）

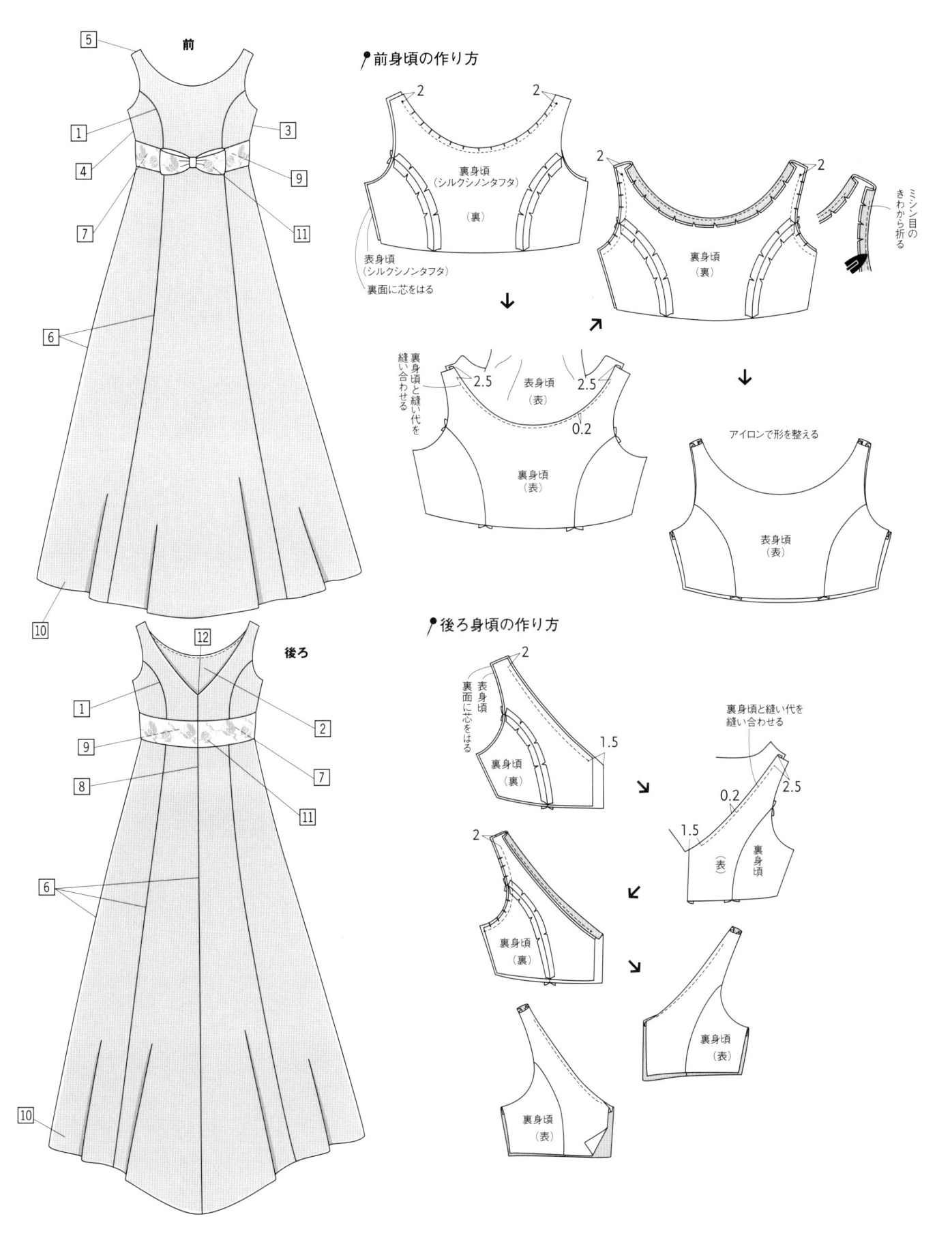

77

脇の縫い方

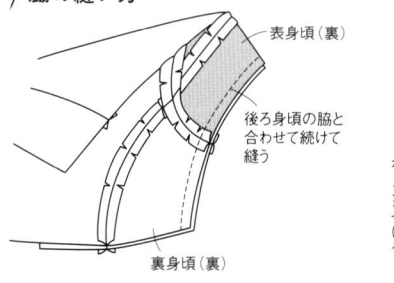

- 表身頃（裏）
- 後ろ身頃の脇と合わせて続けて縫う
- 裏身頃（裏）
- 縫い代にボーンをつける
- 脇

肩の縫い方

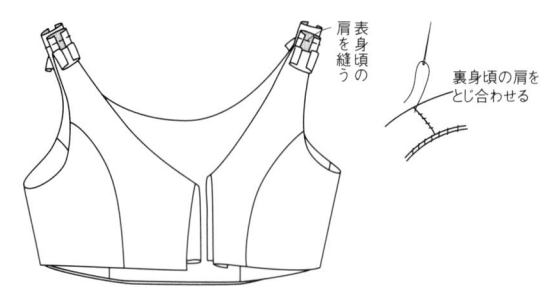

- 表身頃の肩を縫う
- 裏身頃の肩をとじ合わせる

裏スカートの縫い方

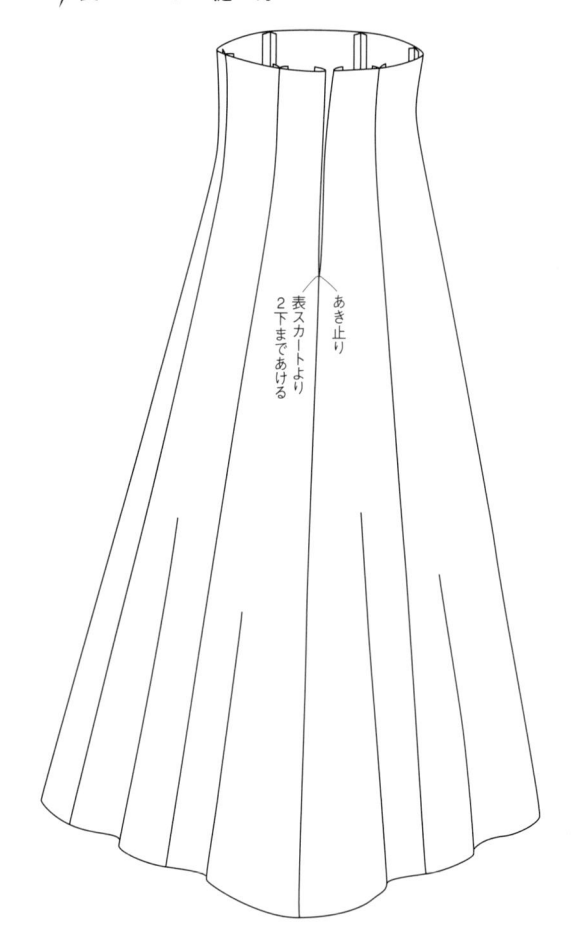

- あき止り
- 表スカートより2下まであける

まとめ方

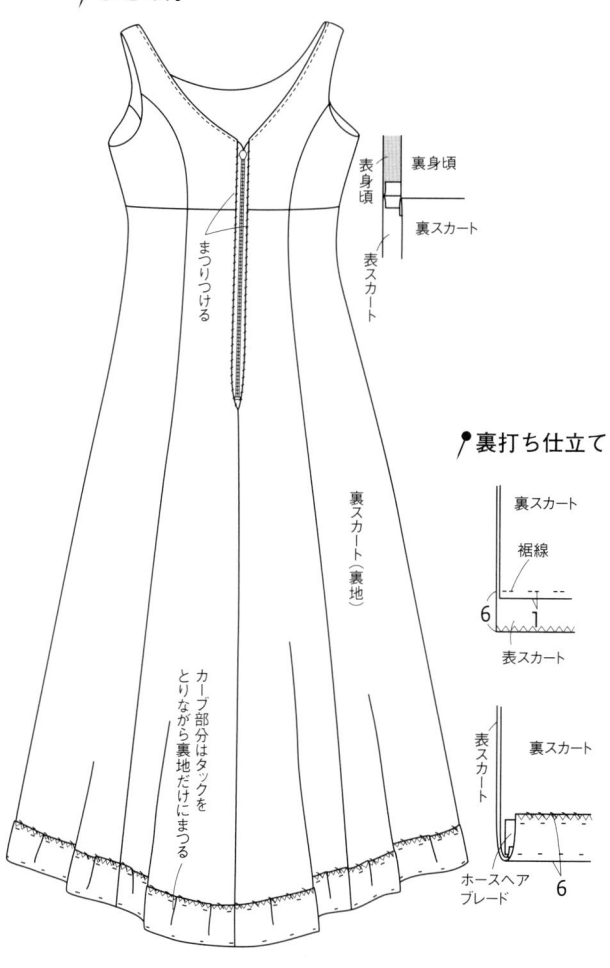

- まつりつける
- 表身頃
- 裏身頃
- 表スカート
- 裏スカート
- 裏スカート（裏地）
- カーブ部分はタックをとりながら裏地だけにまつる

裏打ち仕立て

- 裏スカート
- 裾線
- 表スカート
- 6
- 1
- 表スカート
- 裏スカート
- ホースヘアブレード
- 6

リボンのつけ方

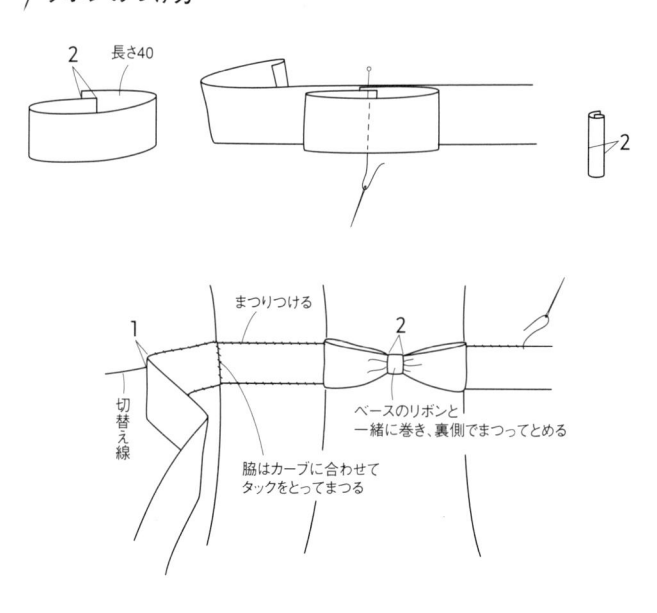

- 2
- 長さ40
- 2
- まつりつける
- 1
- 2
- 切替え線
- 脇はカーブに合わせてタックをとってまつる
- ベースのリボンと一緒に巻き、裏側でまつってとめる

78

o + p

▽ 材料
- 交織サテンシャンタン＝112cm幅6m/6.1m/6.2m/6.3m
- 厚手接着芯（表身頃、バッグ表袋、バッグ持ち手）＝90cm幅90cm
- 1.5cm幅接着テープ
- オープンファスナー＝30cm1本
- コンシールファスナー＝25cm1本
- 接着インサイドベルト＝3.5cm幅64cm/69cm/74cm/79cm
- ホースヘアブレード＝5cm幅5.3m
- リボン（トップ表身頃、バッグ）＝3.5cm幅6.2m
- ホック＝1組み
- 前かん＝2組み

▽ 縫い方順序
＜トップ＞
1. 表身頃のダーツを縫う
2. 表身頃にリボンをつける
3. ダーツを縫った裏身頃と表身頃を縫い合わせ、表に返す
4. 肩を縫い合わせる
5. 表身頃と裏身頃の脇を続けて縫う
6. 裾の始末をする
7. 表身頃にオープンファスナーをつける
8. 裏身頃をファスナーテープにまつりつける
9. ホックをつける

＜スカート＞
1. 後ろ中心を縫い合わせる
2. コンシールファスナーをつける
3. スカートをはぎ合わせる
4. 裾の始末をする
5. ウエストベルトをつける
6. ウエストベルトに前かんをつける

＜バッグ＞
1. 芯をはった表袋にリボンをつける
2. 表袋、裏袋をそれぞれ縫う
3. 表袋と裏袋を合わせ、持ち手をはさんで返し口を残して袋口を縫う
4. リボンを作ってつける

▽ 作り方ポイント
＜トップ＞
- 表身頃には芯をはる
- 裏身頃の肩は図のようにとじ合わせる
- 裏身頃のファスナーつけ部分と裾は出来上がりに折り、ファスナーつけ部分はまつって、裾は渡しまつりと星止めをする

＜スカート＞
- ファスナーつけ部分の縫い代には接着テープをはる
- 裾にホースヘアブレードを入れる

＜バッグ＞
- バッグの表袋と持ち手には芯をはる

✂ 裁合せ図

トップ表身頃、裏身頃、スカート、バッグ（交織サテンシャンタン）

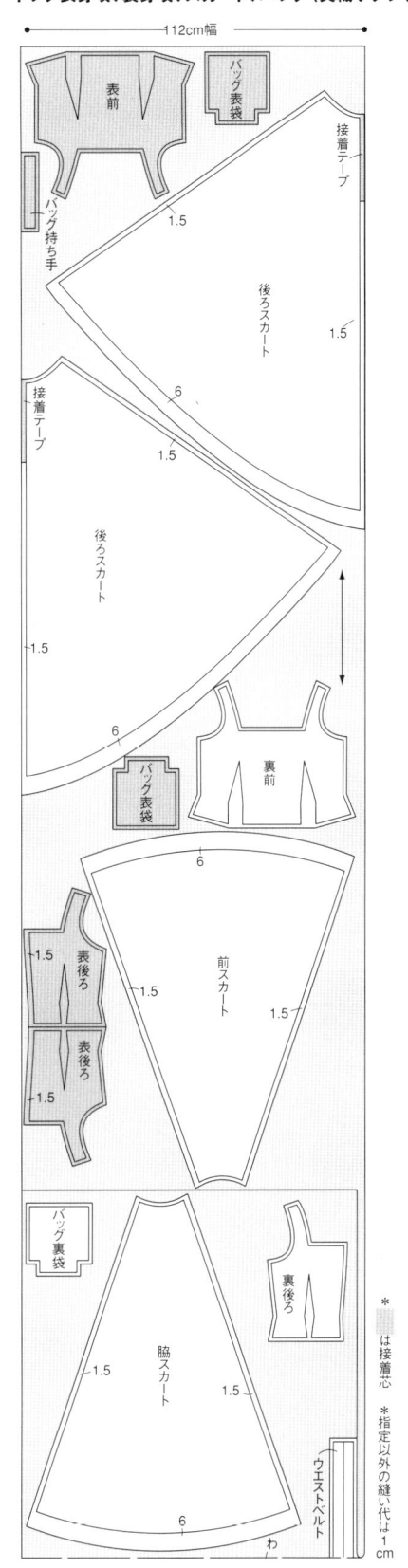

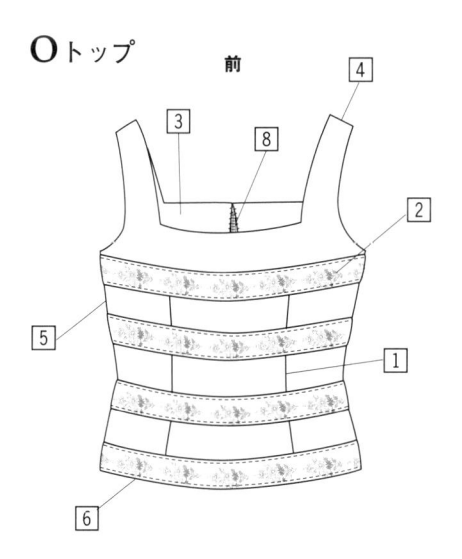

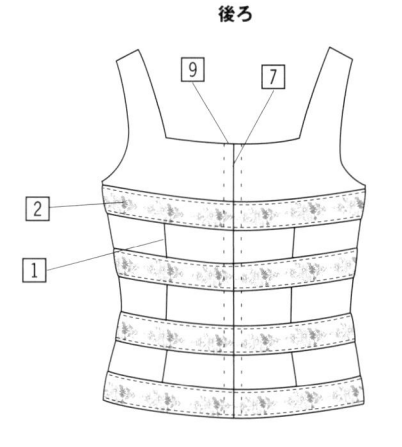

※ ▦ は接着芯
※ 指定以外の縫い代は1cm

O トップ
前
後ろ

表身頃の作り方

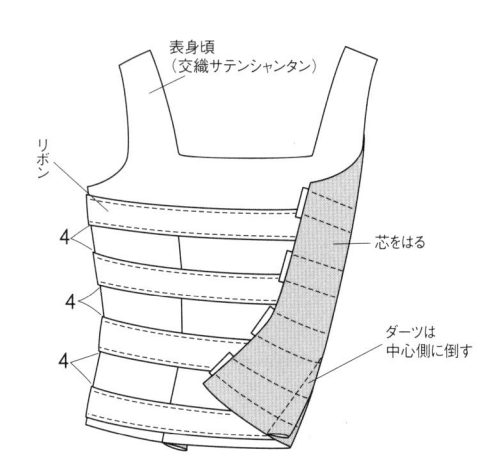

- 表身頃（交織サテンシャンタン）
- リボン
- 芯をはる
- ダーツは中心側に倒す

表身頃と裏身頃を縫い合わせる

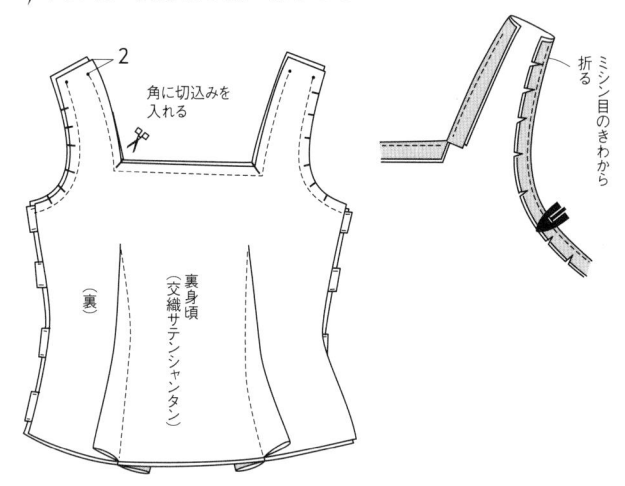

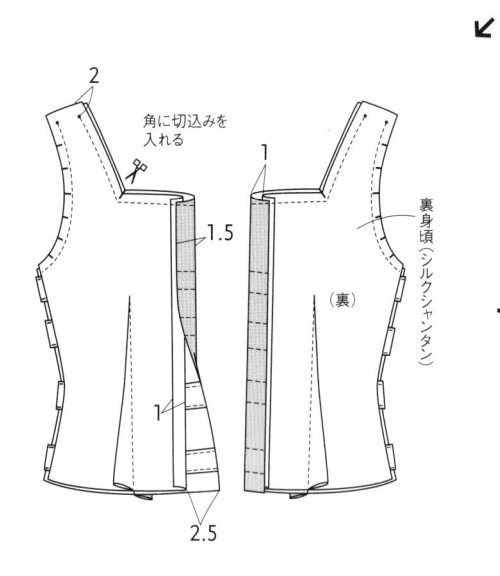

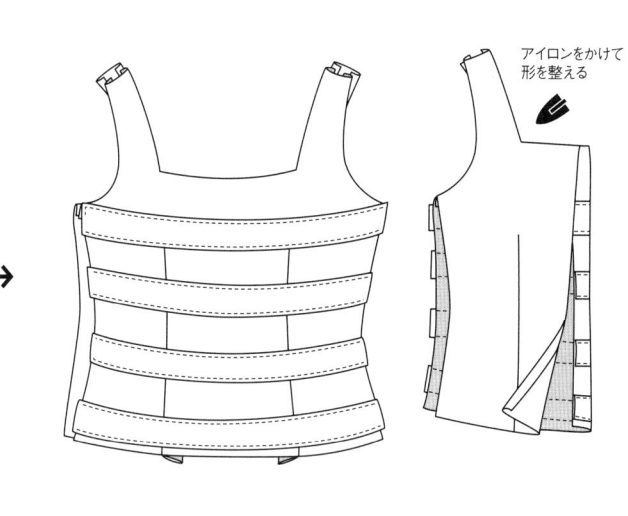

- 角に切込みを入れる
- 裏身頃（交織サテンシャンタン）
- ミシン目のきわから折る
- 角に切込みを入れる
- 裏身頃（シルクシャンタン）
- アイロンをかけて形を整える

肩の縫合せ方

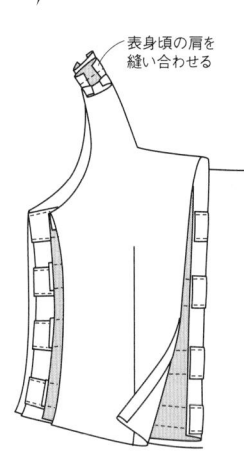

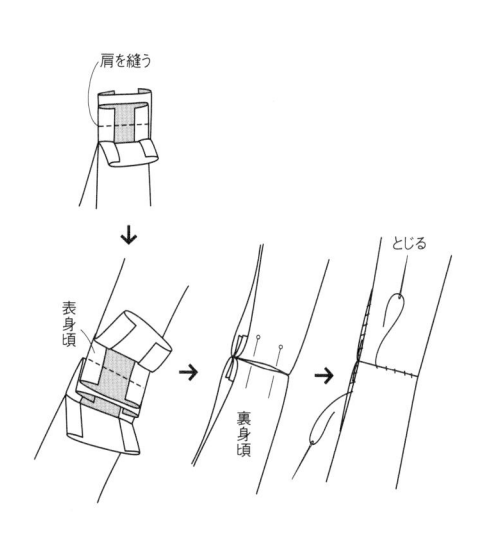

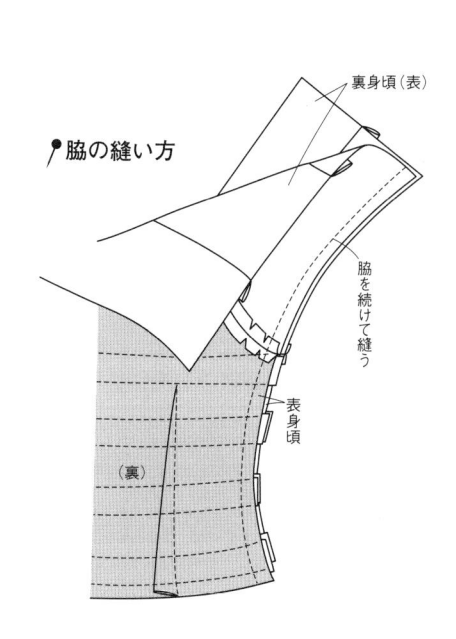

- 表身頃の肩を縫い合わせる
- 肩を縫う
- 表身頃
- 裏身頃
- とじる

脇の縫い方

- 裏身頃（表）
- 脇を続けて縫う
- 表身頃
- （裏）

まとめ方

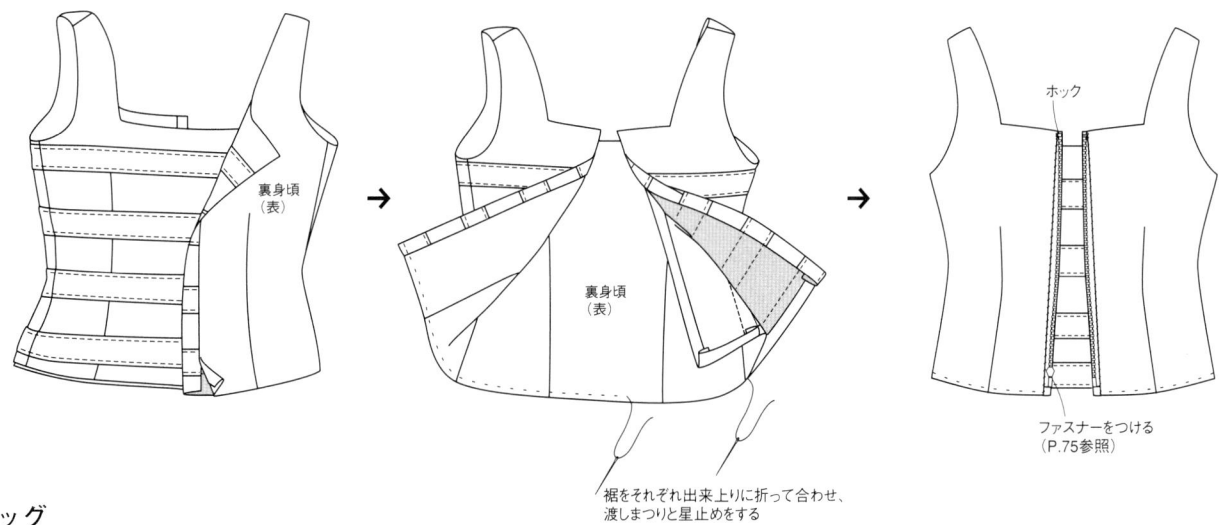

裏身頃(表)

裾をそれぞれ出来上りに折って合わせ、渡しまつりと星止めをする

ホック

ファスナーをつける
(P.75参照)

O バッグ

✂ 製図

わ
3.5 / 12
リボン
3.5
17.5
3.5
4 / 12 / 4

持ち手
芯をはる
リボン

リボン
2
長さ22
三つ折り
6

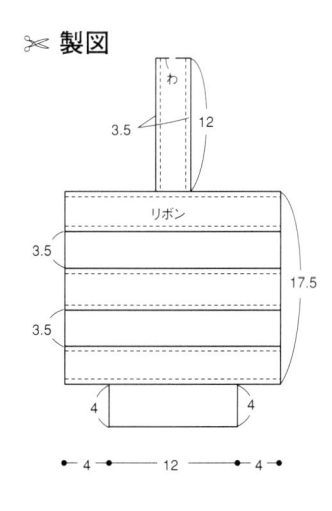

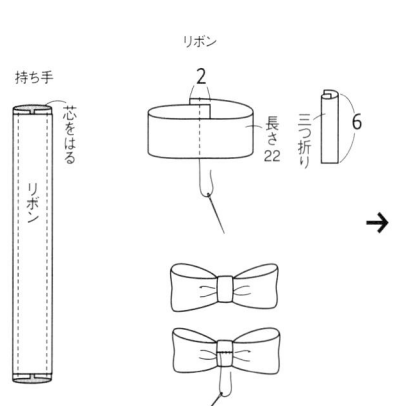

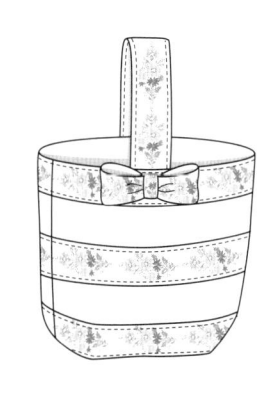

p スカート

✂ 製図
*基本スカートを基に製図する

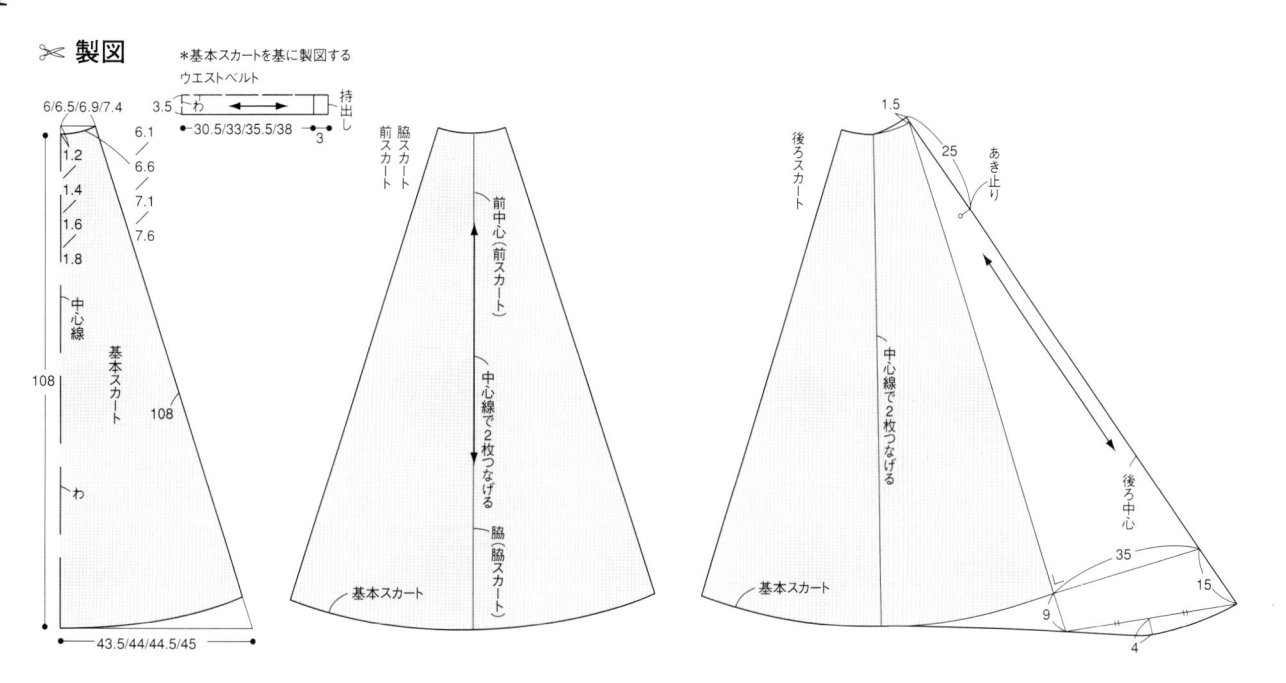

ウエストベルト
3.5 わ ← 30.5/33/35.5/38 → 持出し 3

6/6.5/6.9/7.4
1.2
6.1
1.4
6.6
1.6
7.1
1.8
7.6
中心線
基本スカート
108
108
わ
43.5/44/44.5/45

脇スカート
前スカート
前中心(前スカート)
中心線で2枚つなげる
脇(脇スカート)
基本スカート

後ろスカート
1.5
25
あき止り
中心線で2枚つなげる
後ろ中心
35
15
9
4
基本スカート

p スカート

前

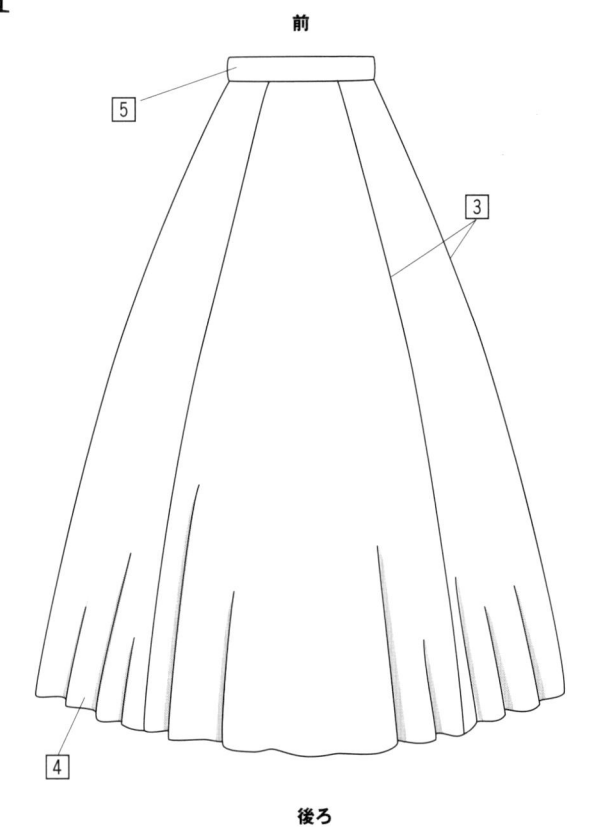

後ろ

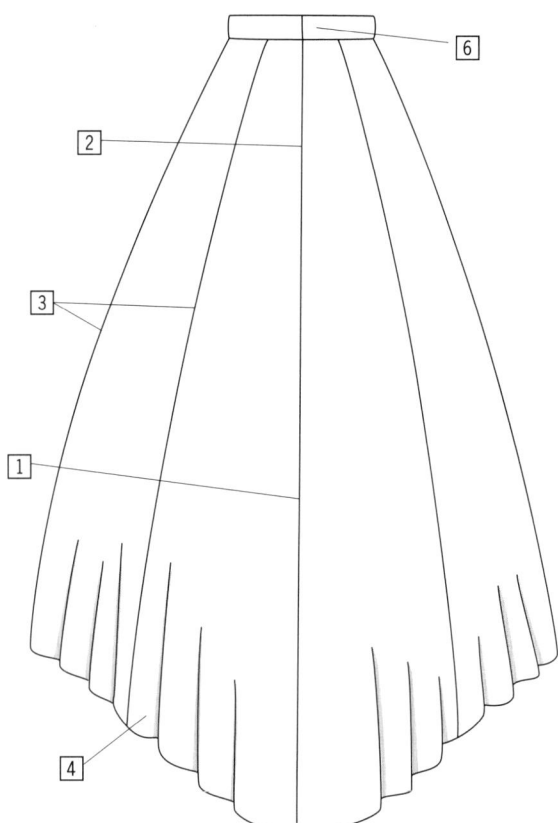

裾の仕上げ方

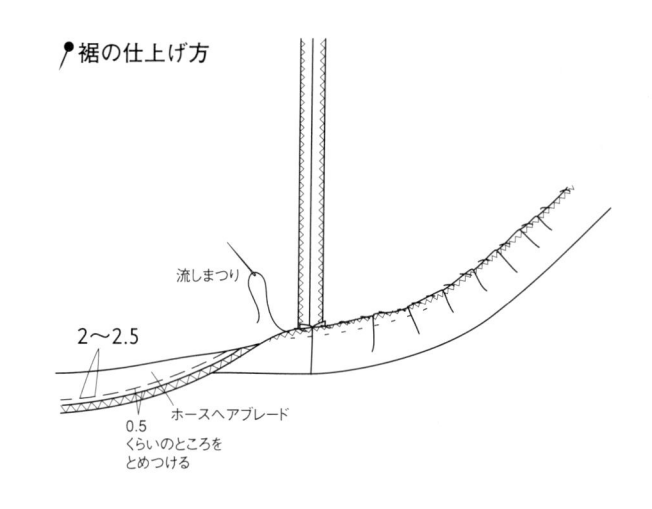

流しまつり

2〜2.5

ホースヘアブレード
0.5くらいのところをとめつける

コンシールファスナーのつけ方

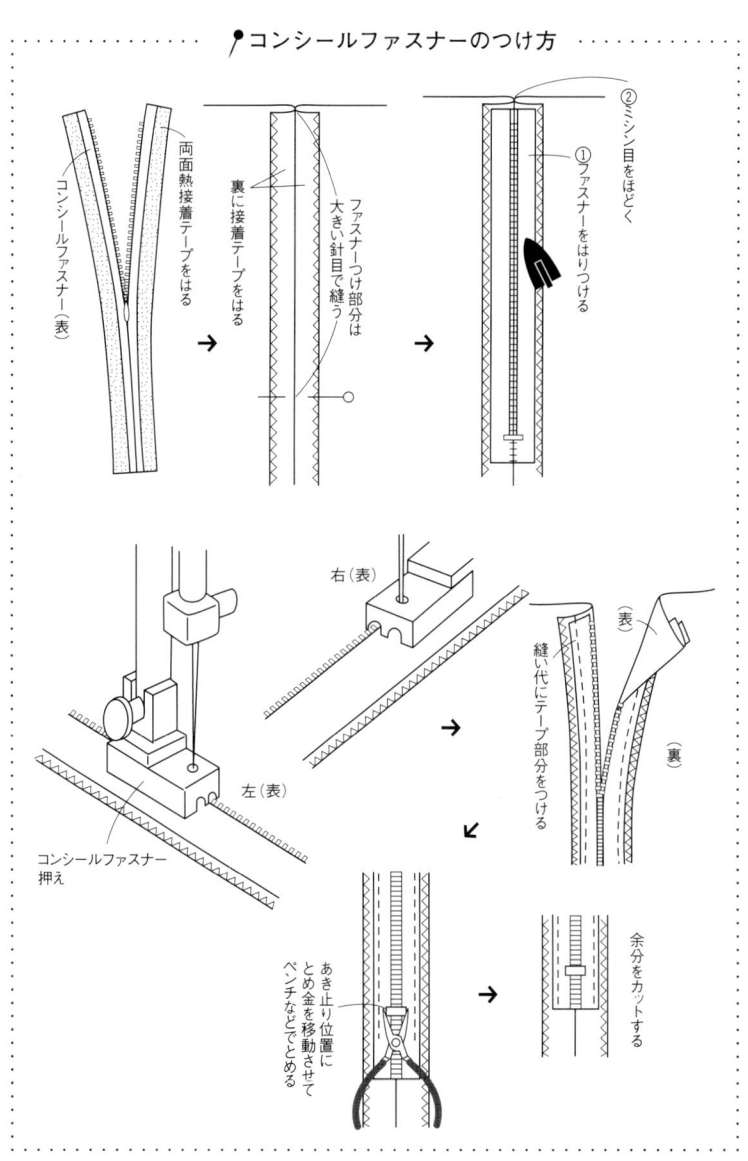

コンシールファスナー(表)

両面熱接着テープをはる

裏に接着テープをはる

ファスナーつけ部分は大きい針目で縫う

① ファスナーをはりつける

② ミシン目をほどく

コンシールファスナー押え

右(表)

左(表)

縫い代にテープ部分をつける

(表)

(裏)

あき止り位置にとめ金を移動させてペンチなどでとめる

余分をカットする

q

▽ 材料
- リボン刺繍のオーガンジー(表身頃、バッグ表袋)=110cm幅60cm
- シルクサテン(身頃土台布、見返し、バッグ土台布、バッグ裏袋)=92cm幅90cm
- 厚手接着芯(身頃土台布、見返し、バッグ土台布)=90cm幅80cm
- オープンファスナー=21cm/21cm/21.5cm/22cm1本
- ホック=1組み
- 口金(バッグ)=12.7×7.6cm
- パールビーズ=直径0.25cm124個、0.4cm84個
- 丸かん=2個
- ボールチップ=2個
- 4号テグス=50cm

▽ 縫い方順序
<キャミソール>
1. 身頃をはぎ合わせる
2. 肩ひもを作る
3. 見返しをつける
4. ファスナーをつける
5. ホックをつける

▽ 作り方ポイント
<キャミソール>
- 身頃土台布のシルクサテンに接着芯をはり、表身頃布と合わせて回りにミシンとジグザグミシンをかける
- 見返しには芯をはる
- 肩ひもは見返しをつけるときにはさんで縫う
- オープンファスナーは手縫いで星止めでつける

<バッグ>
- 芯をはったシルクサテンとリボン刺繍のオーガンジーを重ねて表袋を作る
- 裏袋はシルクサテンで作る
- 口金に袋口を差し込んでパールビーズをとめつけながら口金をつける
- バッグ持ち手はテグスに小さいほうのパールビーズを通し、丸かんとボールチップをつけて作る

✂ 裁合せ図

表身頃、バッグ表袋(リボン刺繍のオーガンジー)
110cm幅

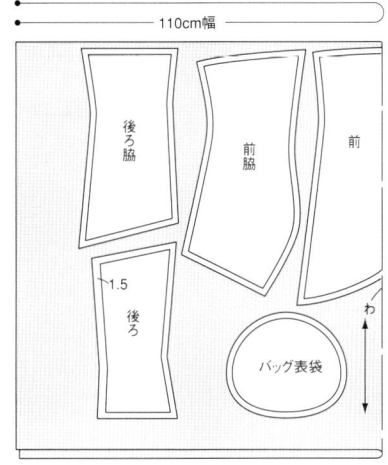

身頃土台布、見返し、バッグ土台布、バッグ裏袋(シルクサテン)
92cm幅

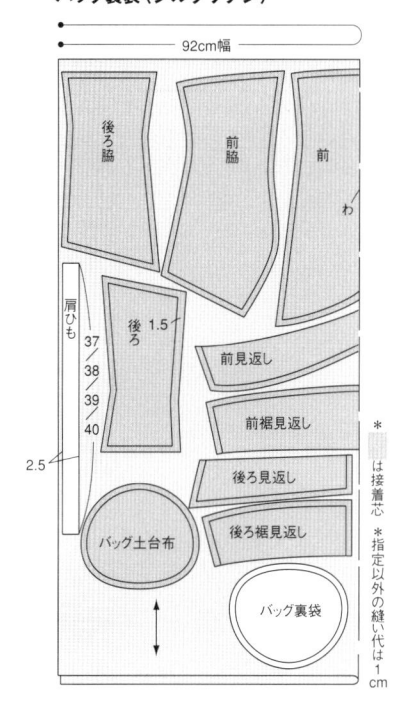

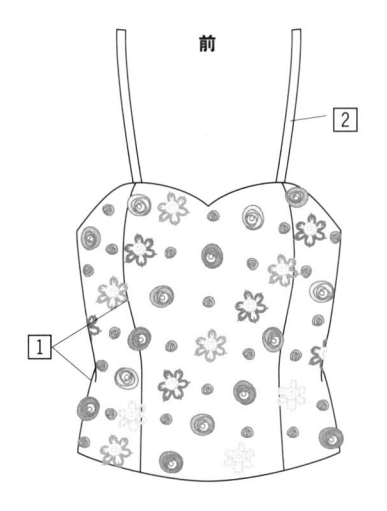

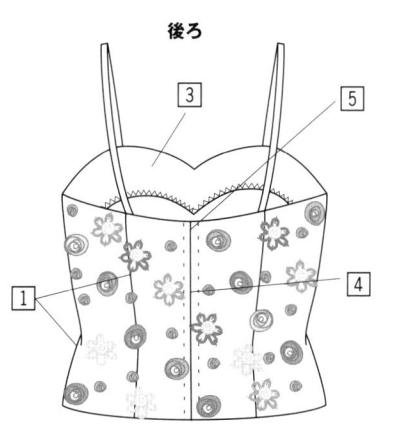

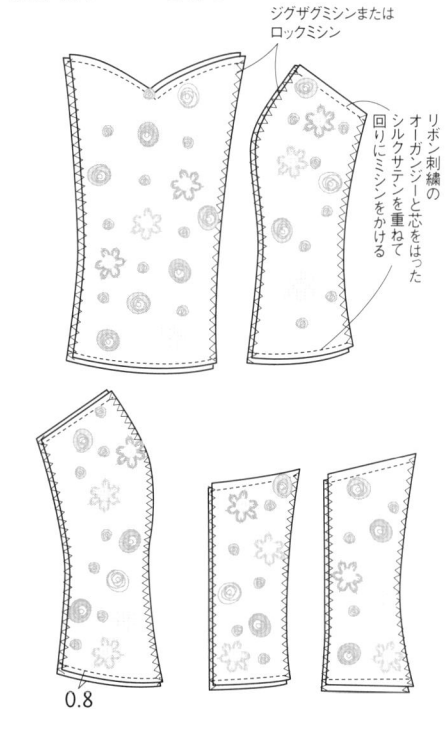

* は接着芯　* 指定以外の縫い代は1cm

表身頃のパーツを作る

表身頃の縫い方

見返しの作り方

前見返し　後ろ見返し
芯をはったシルクサテン
前裾見返し　後ろ裾見返し

肩ひもの作り方

0.6
表に返す
出来上り寸法 35/36/37/38

見返しのつけ方

肩ひもをはさむ　肩ひも
縫い合わせてから縫い代を0.5にカットする
(表)
見返し
1.5
1.5

まとめ方

⑤ホックをつける
①出来上りに折る
②ファスナーを差し込む
③星止めをする
④見返しをまつりつける

p バッグ

*リボン刺繍のオーガンジーとシルクサテンを重ねておき、中表に合わせて回りを縫う

表袋　リボン刺繍のオーガンジー
土台布（シルクサテン）
芯をはる

裏袋　シルクサテン
返し口

表袋と裏袋を中表に合わせ、袋口を縫い合わせる
裏袋(裏)
返し口から表に返す

裏袋(表)
返し口をとじる

口金
パールビーズ

0.25のパールビーズ
長さ32
0.4のパールビーズを口金を袋につける

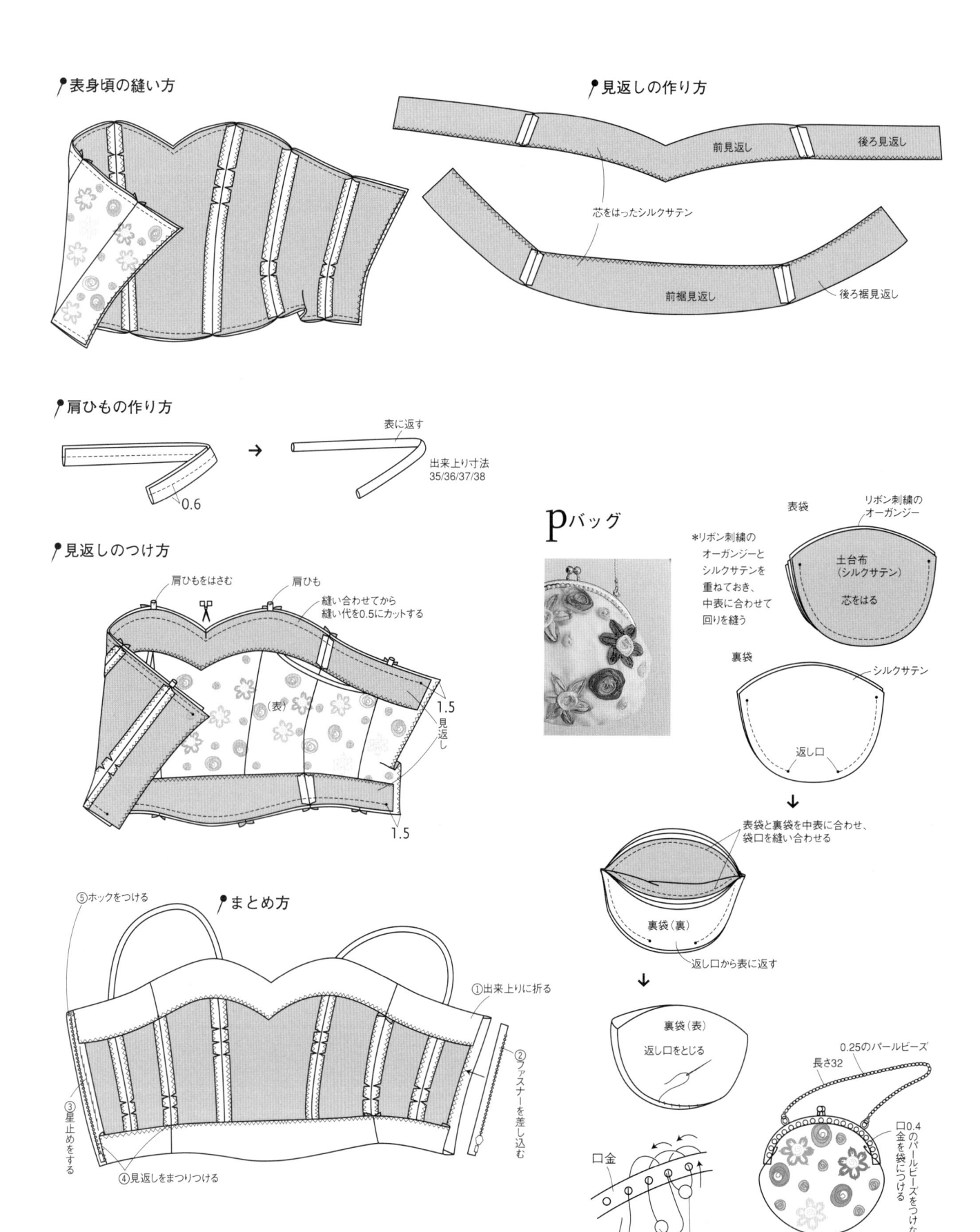

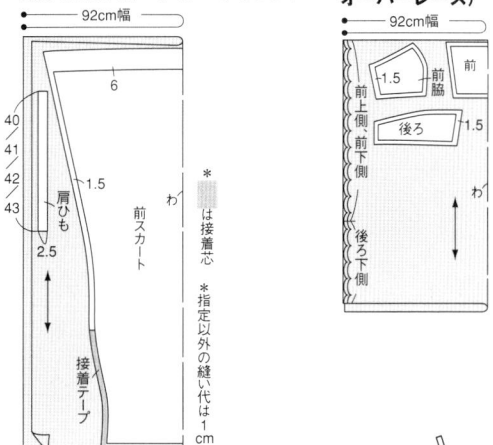

r

▽ 材料
- レーヨンケミカルオーバーレース（表身頃）
 ＝92cm幅70cm/80cm/80cm/80cm
- シルクサテン（表身頃土台布、裏身頃、表スカート）＝92cm幅4.1m
- 裏地（裏スカート）＝90cm幅3.9m
- 厚手接着芯（表身頃土台布）＝90cm幅30cm
- 1.5cm幅接着テープ
- コンシールファスナー＝42cm1本
- ホースヘアブレード＝5cm幅2.7m
- ホック＝1組み

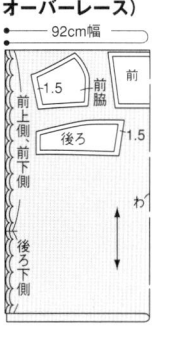

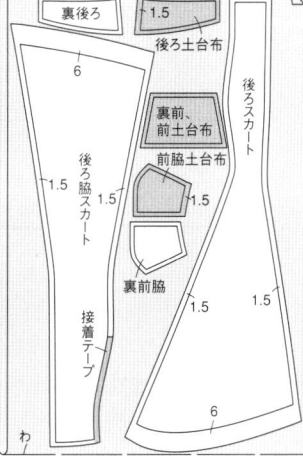

▽ 縫い方順序
1. 表身頃、裏身頃それぞれの切替えを縫い合わせる
2. 裏身頃をつける
3. 表スカートを作る
4. 表スカートの裾を仕上げる
5. 表スカートと表身頃を縫い合わせる
6. ファスナーをつける
7. 裏スカートを縫い合わせ、裏身頃につける
8. 裏身頃、裏スカートをファスナーテープにとじつける
9. 裏スカートの裾を仕上げる
10. 身頃回りにスカラップの飾りをとじつける
11. ホックをつける

▽ 作り方ポイント
- 表身頃土台布のシルクサテンには芯をはる
- 表身頃はレースとサテンを重ねて回りにミシンをかけておく
- 裏身頃はシルクサテンで作り、肩ひもをはさんで表身頃と合わせて縫い返す
- 表スカートのファスナーつけ部分には接着テープをはる

✂ 裁合せ図

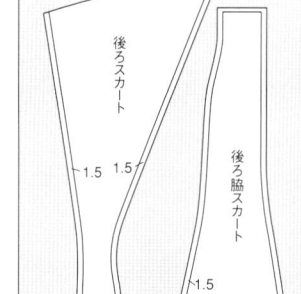

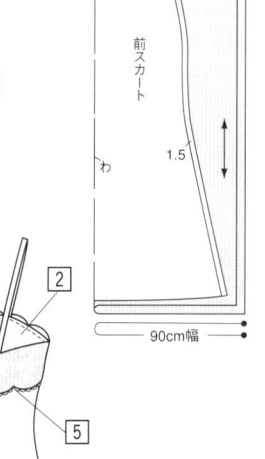

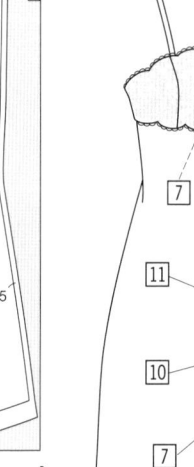

身頃の作り方

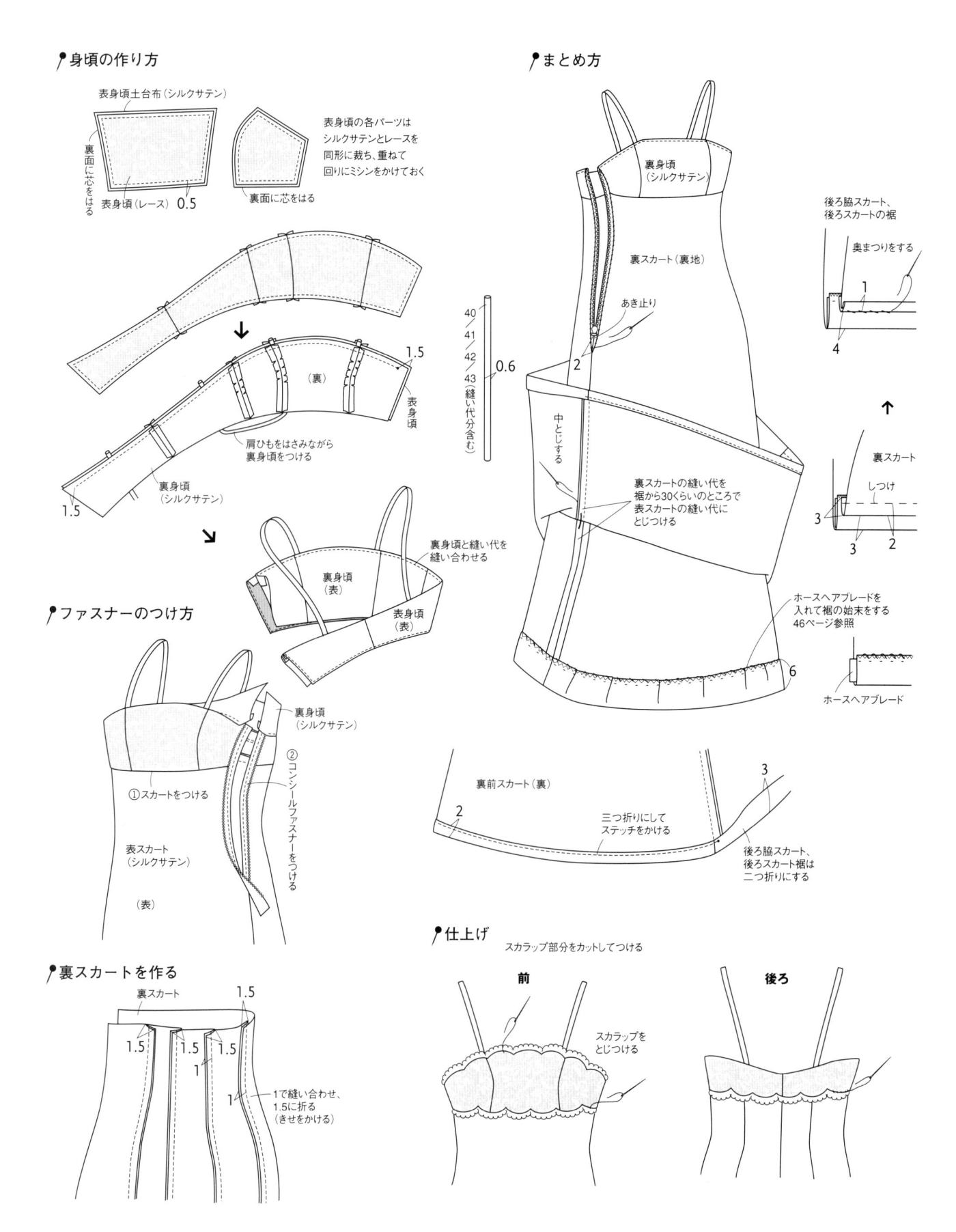

表身頃土台布（シルクサテン）
表身頃（レース）
裏面に芯をはる
0.5
裏面に芯をはる

表身頃の各パーツはシルクサテンとレースを同形に裁ち、重ねて回りにミシンをかけておく

1.5
（裏）
表身頃
肩ひもをはさみながら裏身頃をつける
裏身頃（シルクサテン）
1.5

裏身頃と縫い代を縫い合わせる
裏身頃（表）
表身頃（表）

ファスナーのつけ方

①スカートをつける
裏身頃（シルクサテン）
②コンシールファスナーをつける
表スカート（シルクサテン）（表）

裏スカートを作る

裏スカート
1.5 1.5 1.5 1.5
1 1
1で縫い合わせ、1.5に折る（きせをかける）

まとめ方

裏身頃（シルクサテン）
裏スカート（裏地）
あき止り
40 41 42 43 （縫い代分含む）
0.6
中とじする
裏スカートの縫い代を裾から30くらいのところで表スカートの縫い代にとじつける
ホースヘアブレードを入れて裾の始末をする 46ページ参照
ホースヘアブレード

後ろ脇スカート、後ろスカートの裾
奥まつりをする
1
4

裏スカート
しつけ
3 2
3

裏前スカート（裏）
三つ折りにしてステッチをかける
2
3
後ろ脇スカート、後ろスカート裾は二つ折りにする

仕上げ

スカラップ部分をカットしてつける

前
スカラップをとじつける

後ろ

86

s†t

▽ 材料
- シルクバックサテンシャンタン（表身頃、見返し、スカート）＝112cm幅9.3m
- 薄手シーチング（アンダー身頃）＝90cm幅90cm
- 厚手接着芯（表身頃、見返し）＝90cm幅1m
- 1.5cm幅接着テープ
- オープンファスナー＝表身頃用25cm/25cm/25.5cm/26cm、アンダー身頃用18cm/18cm/18.5cm/19cm各1本
- コンシールファスナー＝25cm1本
- 接着インサイドベルト＝3.5cm幅64cm/69cm/74cm/79cm
- ゴムテープ＝3cm幅57cm/62cm/67cm/72cm
- ボーン＝0.8cm幅1.2m
- ホック＝1組み
- 前かん（アンダー身頃、スカート）＝3組み

▽ 縫い方順序
＜ビュスチエ＞
① 表身頃をはぎ合わせる
② 表身頃にファスナーをつける
③ 表身頃の裾に見返しをつける
④ アンダー身頃を作って前かんをつけ、表身頃と重ねて、見返しをつける
⑤ 見返し端をアンダー身頃に縫いつける
⑥ 表身頃にホックをつける
⑦ 後ろ身頃のループにひもを作って通す
＜スカート＞
① 後ろ中心を縫い合わせる
② ファスナーをつける
③ スカート7枚をはぎ合わせる
④ 裾の始末をする
⑤ ウエストベルトをつける
⑥ ウエストベルトに前かんをつける

▽ 作り方ポイント
＜ビュスチエ＞
- 表身頃は裏に芯をはってはぎ合わせる
- 後ろ中心布を縫い合わせるときにループをはさむ
- アンダー身頃にはボーンを入れて仕立てる
- 後ろ中心ひもははいで作る
＜スカート＞
- ファスナーつけ部分の縫い代には接着テープをはる
- 縫い代は端の始末をして縫い割る
- ウエストベルトにはインサイドベルトを接着してからつける

✂ 裁合せ図

ビュスチエ表身頃、見返し、スカート（シルクバックサテンシャンタン）112cm幅

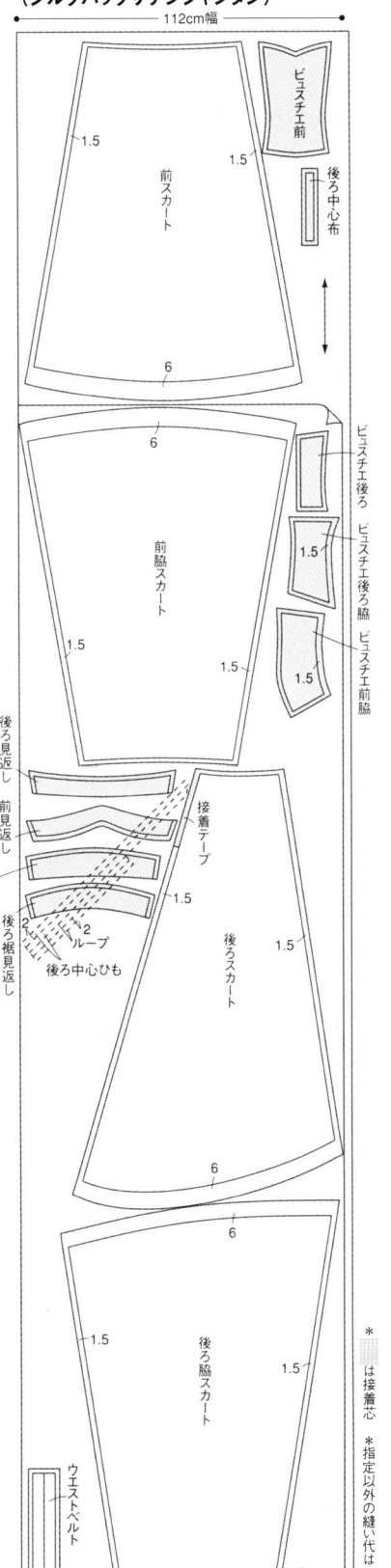

ビュスチエアンダー身頃（薄手シーチング）90cm幅

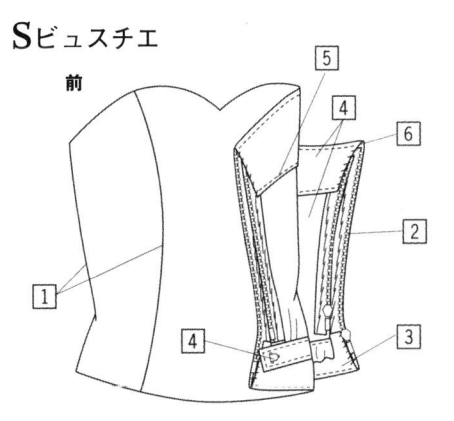

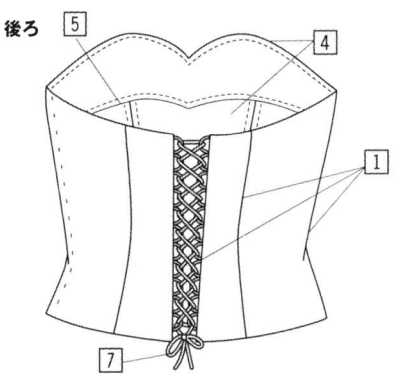

Sビュスチエ
前
後ろ

＊ ▨ は接着芯　＊指定以外の縫い代は1cm

表身頃の作り方

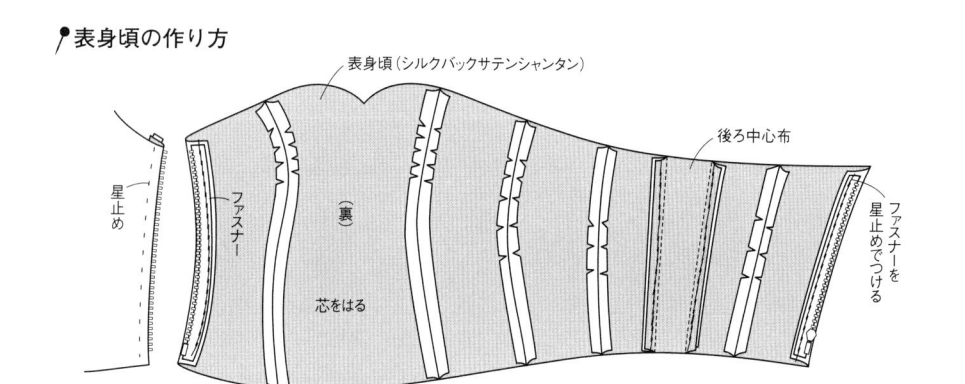

- 表身頃（シルクバックサテンシャンタン）
- 後ろ中心布
- 星止め
- ファスナー
- （裏）
- 芯をはる
- ファスナーを星止めでつける

後ろ中心布の作り方

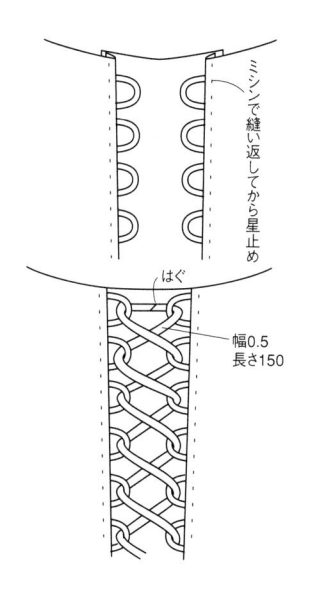

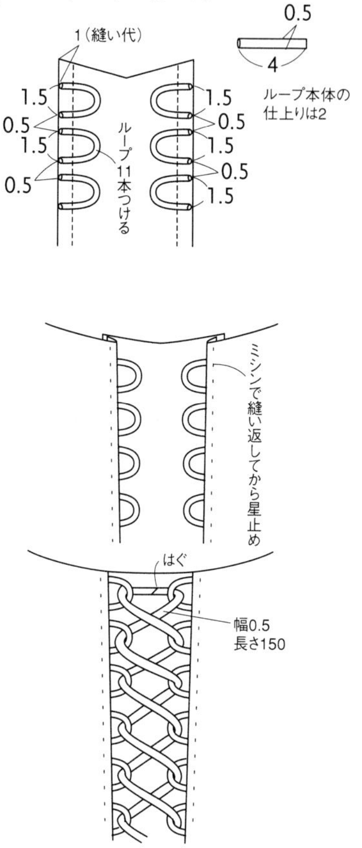

- 1（縫い代）
- 0.5
- 4
- ループ本体の仕上げは2
- 1.5 / 0.5 / 1.5 / 0.5 / 1.5
- ループ11本つける
- ミシンで縫い返してから星止め
- はぐ
- 幅0.5 長さ150

まとめ方

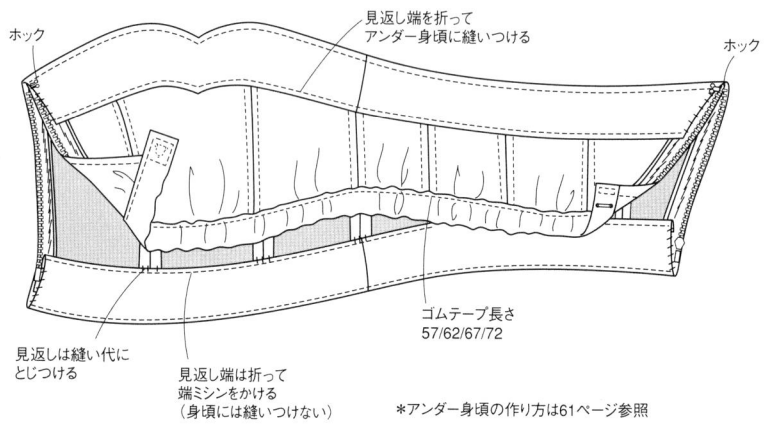

- ホック
- 見返し端を折ってアンダー身頃に縫いつける
- ホック
- 見返しは縫い代にとじつける
- 見返し端は折って端ミシンをかける（身頃には縫いつけない）
- ゴムテープ長さ 57/62/67/72
- ＊アンダー身頃の作り方は61ページ参照

t スカート

製図

☆基本スカートを基に製図する

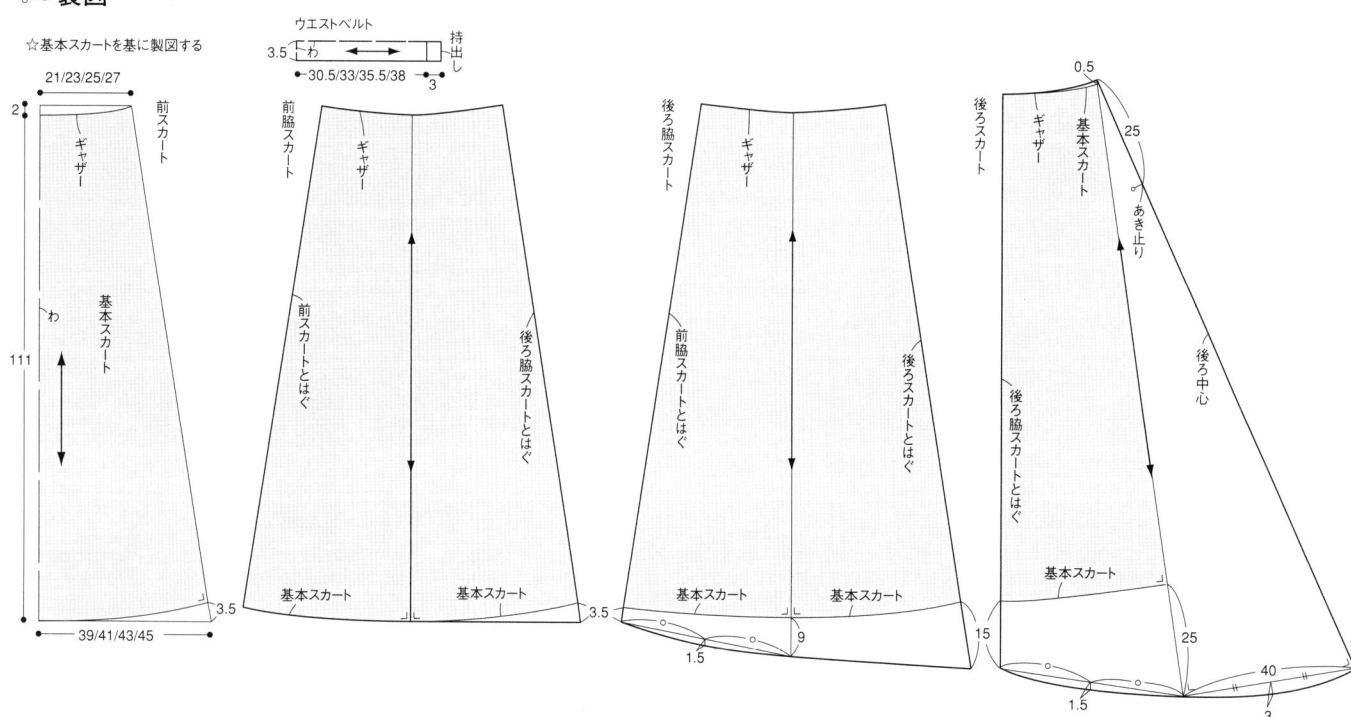

- 21/23/25/27
- 2
- 前スカート
- ギャザー
- わ
- 基本スカート
- 111
- 39/41/43/45
- 3.5

- ウエストベルト
- 3.5
- わ
- 30.5/33/35.5/38
- 持出し
- 3

- 前脇スカート
- ギャザー
- 前スカートとはぐ
- 後ろ脇スカートとはぐ
- 基本スカート
- 基本スカート
- 3.5
- 1.5
- 9

- 後ろ脇スカート
- ギャザー
- 前脇スカートとはぐ
- 後ろスカートとはぐ
- 基本スカート
- 基本スカート
- 1.5
- 15

- 0.5
- 後ろスカート
- ギャザー
- 基本スカート
- 25
- あき止り
- 後ろ中心
- 後ろ脇スカートとはぐ
- 基本スカート
- 25
- 40
- 1.5
- 3

tスカート

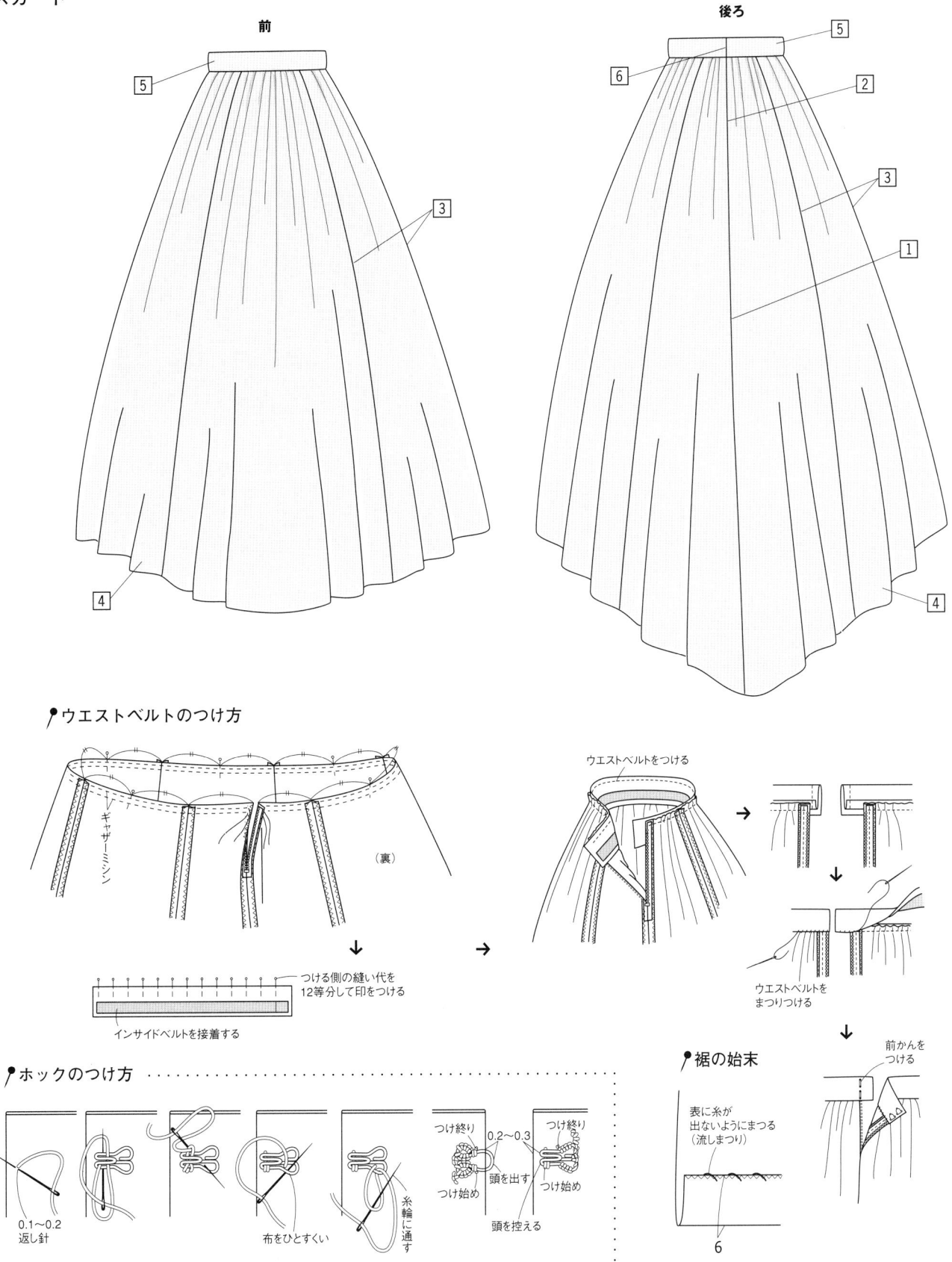

前　　　　　　　　　　　　後ろ

5　　　　　　　　　　　6　5
　　　　　　　　　　　　　　2
　　　　　　3　　　　　　　　3
　　　　　　　　　　　　1

4　　　　　　　　　　　　　4

ウエストベルトのつけ方

ギャザーミシン　　（裏）

つける側の縫い代を
12等分して印をつける
インサイドベルトを接着する

ウエストベルトをつける

ウエストベルトを
まつりつける

ホックのつけ方

0.1〜0.2
返し針　　布をひとすくい　糸輪に通す

つけ終り　　つけ終り
0.2〜0.3
頭を出す　　つけ始め
つけ始め　　頭を控える

裾の始末

表に糸が
出ないようにまつる
（流しまつり）

6

前かんを
つける

u

▽ 材料
<ドレス>
・サテンジャカード＝110cm幅3.1m/3.1m/3.1m/3.6m
・裏地(裏ドレス)＝92cm幅2.6m
・厚手接着芯(見返し、飾りリボン)＝90cm幅0.9m
・1.5cm幅接着テープ
・コンシールファスナー＝43cm1本
・ホースヘアブレード＝5cm幅1.6m
・くるみボタン＝直径1.4cm10個
・ホック＝1組み
・スナップ＝2組み
<ベール>
・ソフトチュール＝180cm幅1.9m
・白コード＝0.3cm幅7.2m
・ヘアコーム＝6.5cm1個

▽ 縫い方順序
<ドレス>
1. 表ドレスのダーツを縫う
2. 表ドレスの肩を縫い合わせる
3. 見返しをつける
4. 表ドレスと見返しの脇を続けて縫う
5. 表ドレスの後ろ中心を縫い合わせる
6. ファスナーをつける
7. 裾にホースヘアブレードをつける
8. 裾上げをしてまつる
9. 裏ドレスを縫い合わせ、見返しにつける
10. 裏ドレスと表ドレスは中とじをする
11. 飾りリボンを作る
12. くるみボタン、ホック、スナップをつける

▽ 作り方ポイント
<ドレス>
・見返し、飾りリボンには芯をはる
・表ドレスのファスナーつけ部分には接着テープをはる
・ダーツの袖ぐり側は出来上り位置まで縫い合わせる
・裏ドレスは1cm幅で縫い合わせ、1.5cm幅で片方に倒し(きせをかける)、見返しと縫い合わせる
・裏ドレスのあき止り位置は表ドレスより2cmくらい下にする

✂ 裁合せ図

表ドレス、見返し(サテンジャカード)

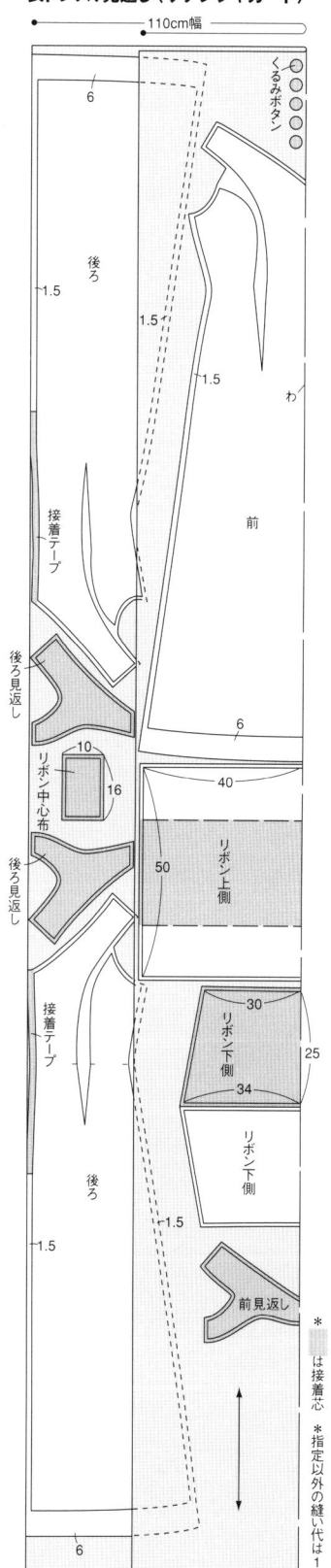

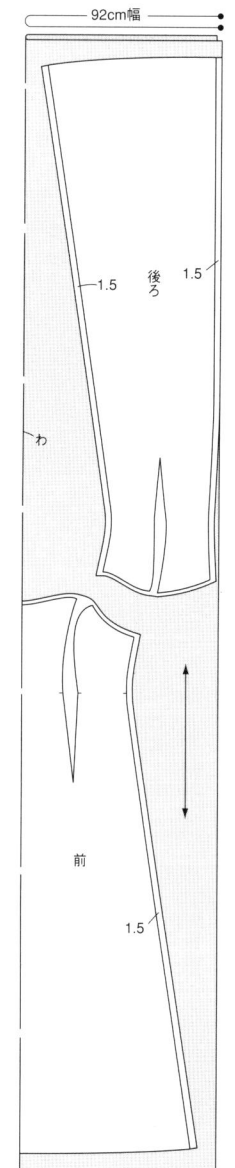

裏ドレス(裏地)

表ドレスの裁断方法

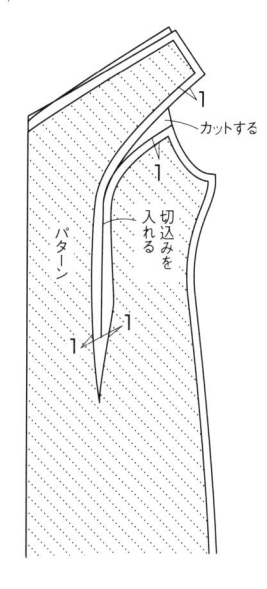

*裁合せ図のように裁断した後に上図のように余分をカットし、ダーツの途中まで切込みを入れる

前

後ろ

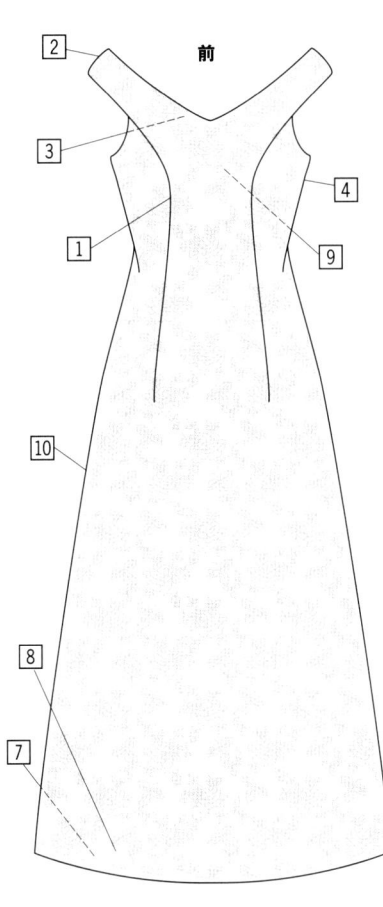

● ダーツの縫い方

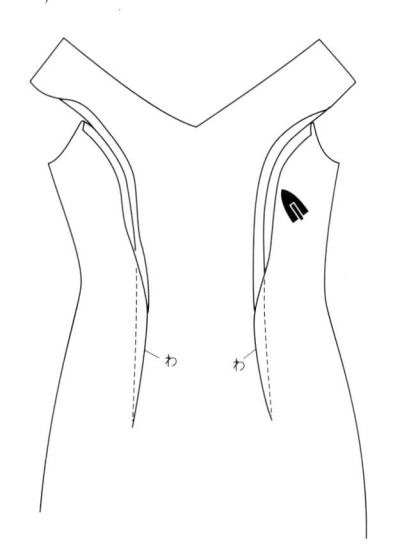

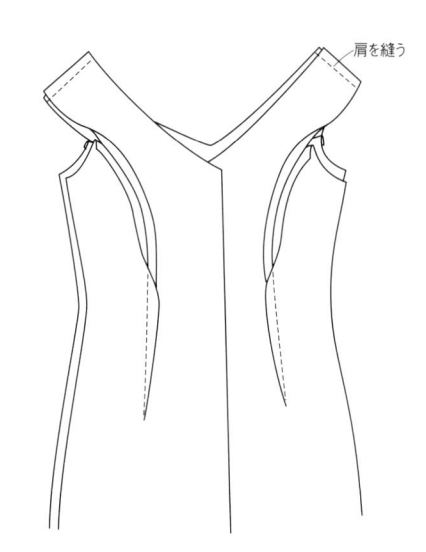

肩を縫う

わ　わ

● 見返しのつけ方

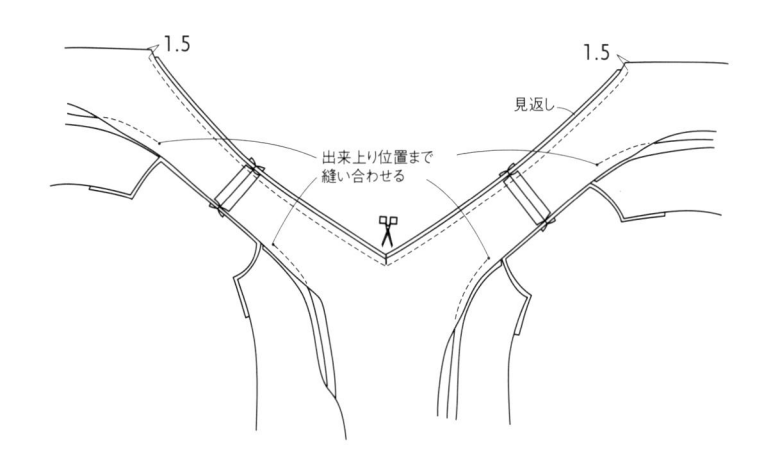

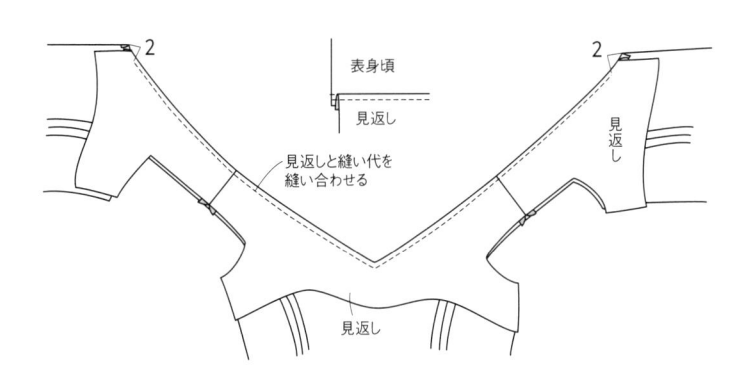

1.5　1.5
見返し
出来上り位置まで
縫い合わせる

2　2
表身頃
見返し
見返しと縫い代を
縫い合わせる
見返し
見返し

91

袖ぐりの上の部分を縫う

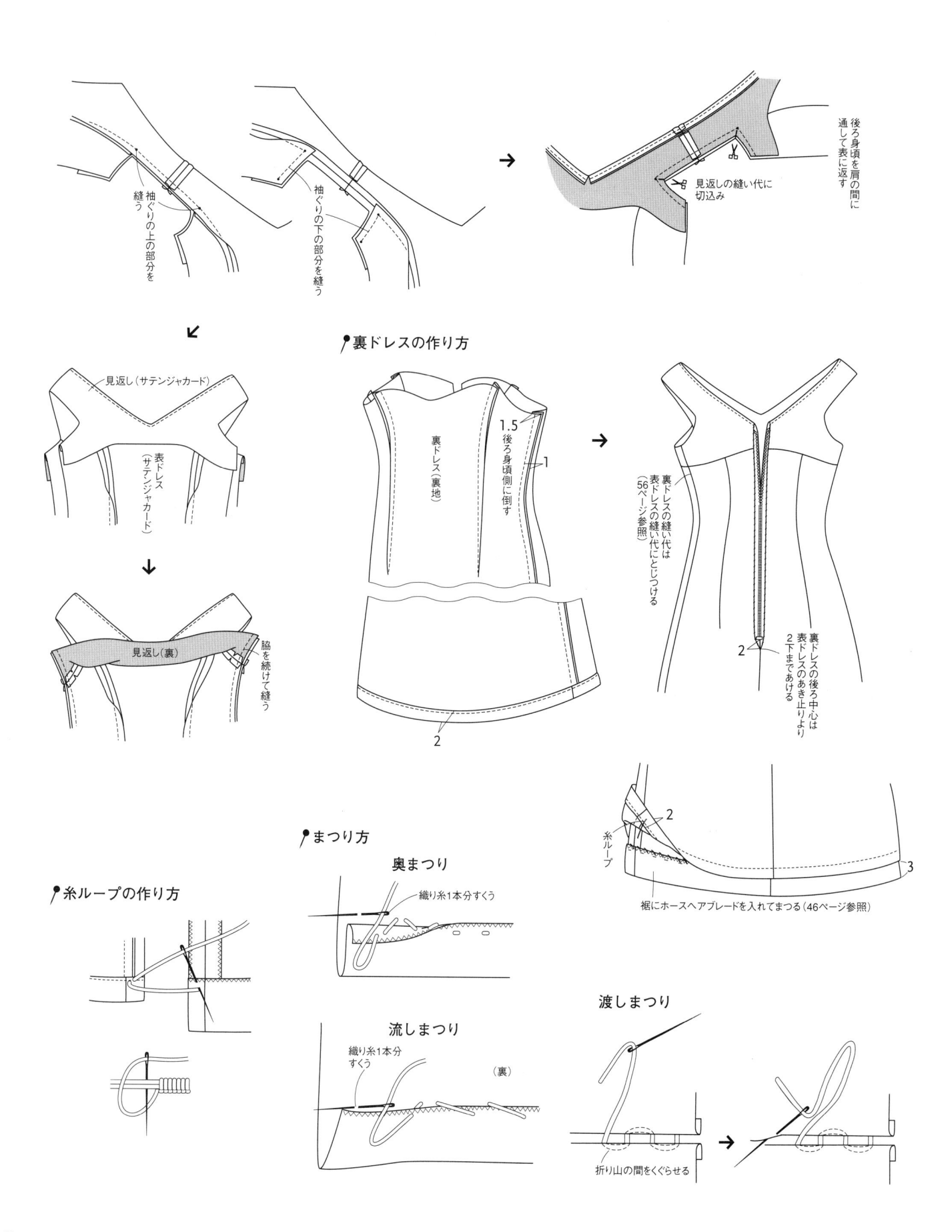

袖ぐりの下の部分を縫う

後ろ身頃を肩の間に通して表に返す

見返しの縫い代に切込み

見返し（サテンジャカード）

表ドレス（サテンジャカード）

● 裏ドレスの作り方

裏ドレス（裏地）

後ろ身頃側に倒す

1.5

1

裏ドレスの縫い代は表ドレスの縫い代にとじつける（56ページ参照）

見返し（裏）

脇を続けて縫う

2

裏ドレスの後ろ中心は表ドレスのあき止りより2㎝下まであける

2

糸ループ

3

裾にホースヘアブレードを入れてまつる（46ページ参照）

● 糸ループの作り方

● まつり方

奥まつり

織り糸1本分すくう

流しまつり

織り糸1本分すくう

（裏）

渡しまつり

折り山の間をくぐらせる

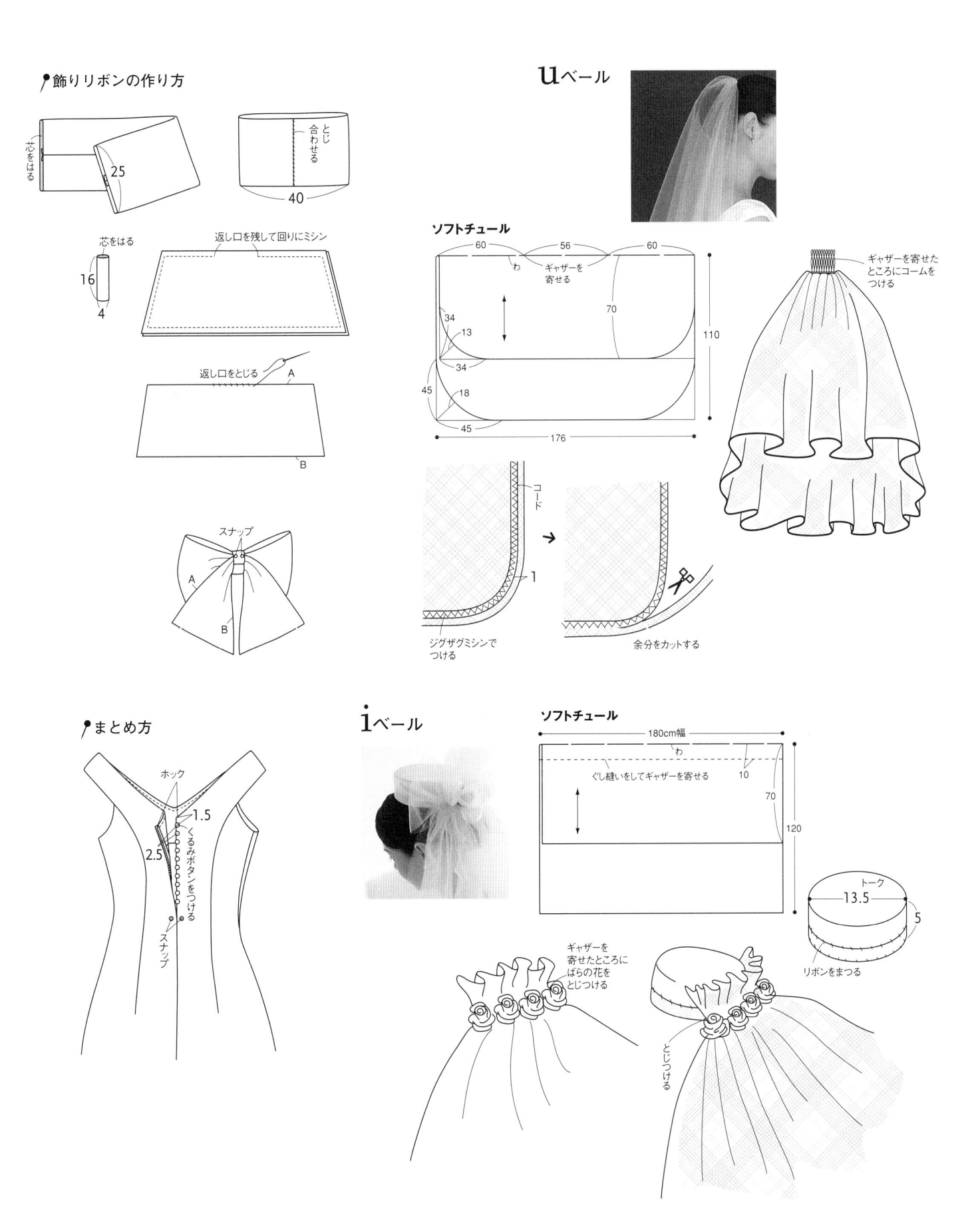

飾りリボンの作り方

芯をはる
25
合わせる
とじ
40
芯をはる
16
4
返し口を残して回りにミシン
返し口をとじる
A
B
スナップ
A
B

uベール

ソフトチュール

60　56　60
わ
ギャザーを寄せる
34
13
34
110
70
45
18
45
176

コード
1
ジグザグミシンでつける
余分をカットする

ギャザーを寄せたところにコームをつける

まとめ方

ホック
1.5
2.5
くるみボタンをつける
スナップ

iベール

ソフトチュール

180cm幅
わ
ぐし縫いをしてギャザーを寄せる
10
70
120

トーク
13.5
5
リボンをまつる

ギャザーを寄せたところにばらの花をとじつける

とじつける

93

V

▽ 材料
- シルクシャンタン＝92cm幅6.2m
- 裏地(裏スカート)＝92cm幅5.3m
- 厚手接着芯(表身頃、バッグ表袋)＝90cm幅40cm
- 1.5cm幅接着テープ
- コンシールファスナー＝40cm1本
- ホースヘアブレード＝5cm幅3.5m
- テープつきボーン＝2cm幅20cm
- パールつきブレード(肩ひも)＝0.7cm幅84cm/86cm/88cm/90cm
- Zかん＝内径0.5cm4個
- ホック＝1組み
- チュール(バッグ)＝120cm幅50cm
- 並太毛糸(バッグ)＝80cm
- 口金(バッグ)＝15.3×8cm
- アートフラワー＝生成りばら2個

▽ 縫い方順序
<ドレス>
1. 表身頃、裏身頃それぞれの切替えを縫い合わせる
2. 表身頃脇にボーンをつける
3. フリルをつける
4. 表スカート7枚をはぐ
5. 表身頃と表スカートを縫い合わせる
6. ファスナーをつける
7. 裏身頃に裏スカートをつける
8. 裏身頃、裏スカートをファスナーテープにまつりつける
9. 裾を仕上げる
10. ホックをつける
11. 肩ひもを作ってつける

▽ 作り方ポイント
<ドレス>
- 表身頃には芯をはる
- 表スカートのファスナーつけ部分の縫い代には接着テープをはる
- フリルは表身頃と裏身頃にはさんでつける。このとき肩ひも用のループをはさみ込む
- 裏スカートは1cmの縫い代で縫い合わせ、1.5cm幅に折ってきせをかけてから裏身頃ウエストにつける(55ページ参照)
- ホースヘアブレードを入れる裾の仕上げ方は47ページ参照

<バッグ>
- 表袋布は芯をはったシルクシャンタンとチュールを重ねて作る
- 表袋につけるチュールは図のように中心を縫って縮め、バランスよく2枚つけてから余分をカットし、仕立てる
- 作り方は68ページ

✂ 裁合せ図

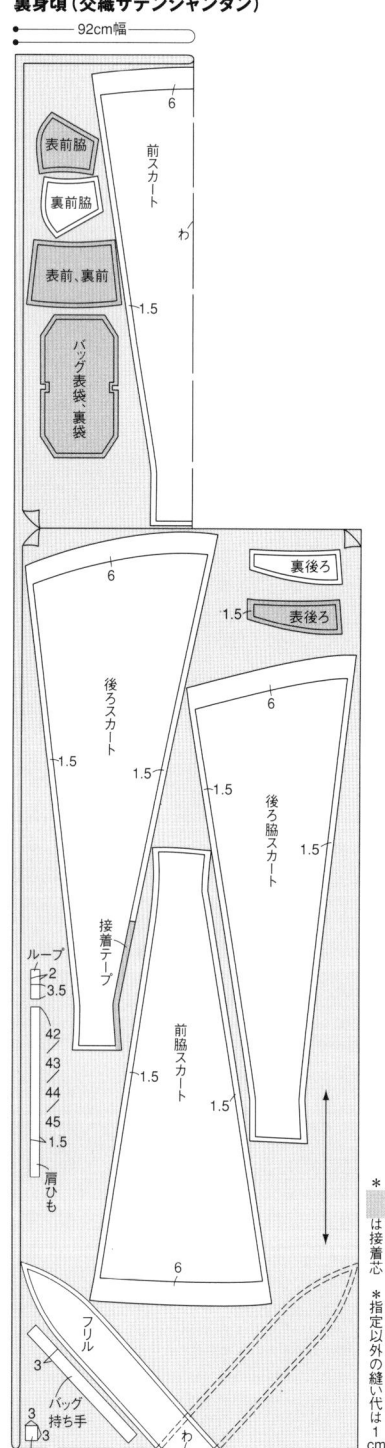

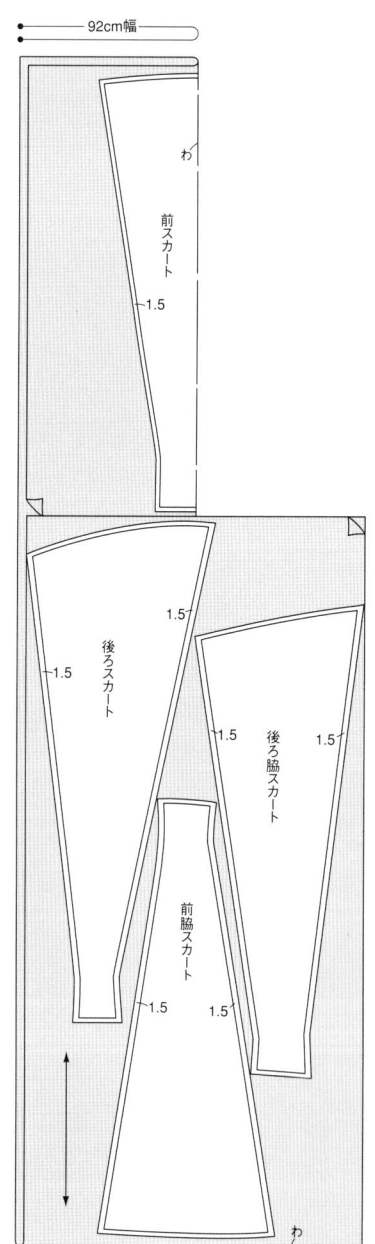

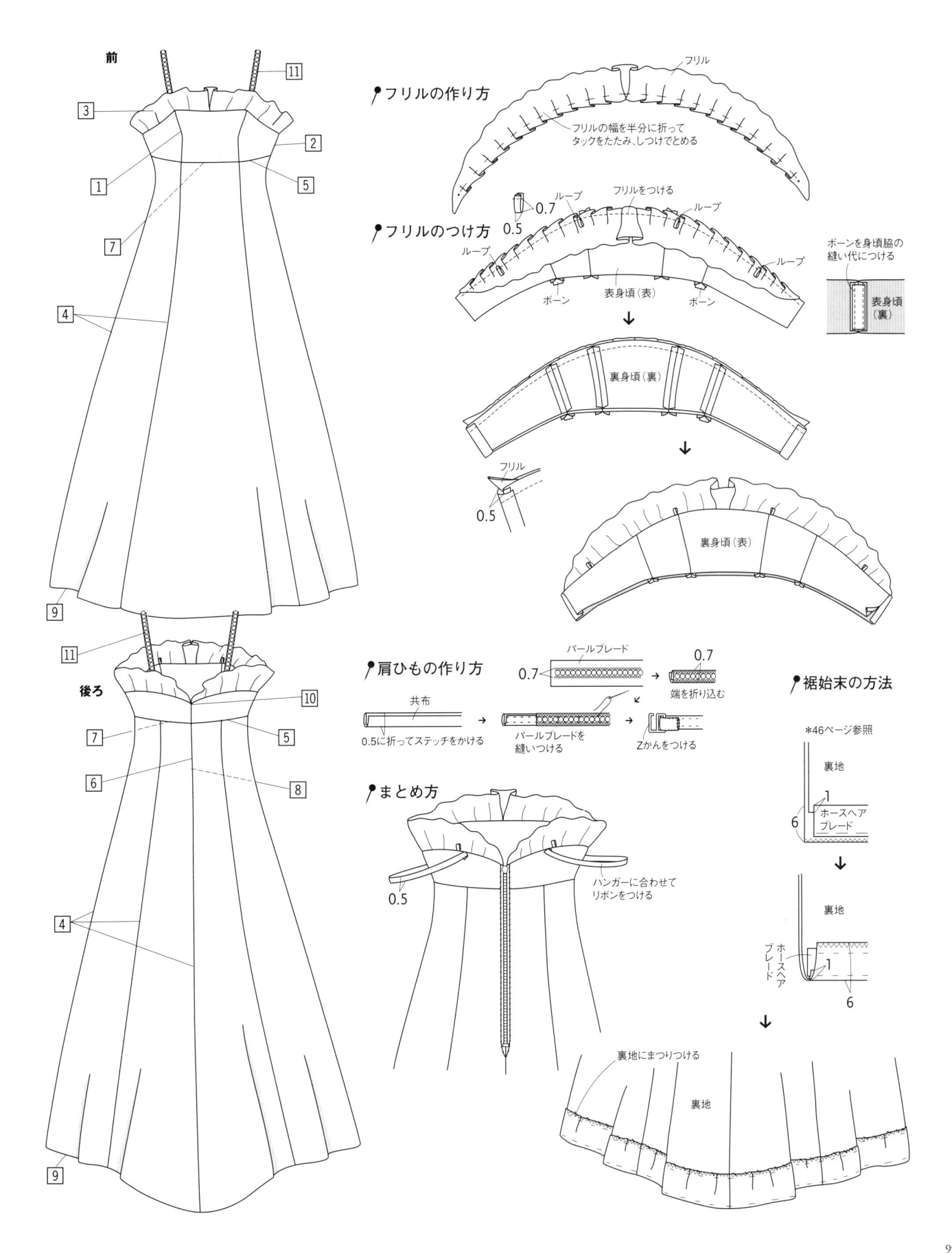

前

後ろ

フリルの作り方
フリル
フリルの幅を半分に折ってタックをたたみ、しつけでとめる

フリルのつけ方
ループ　フリルをつける　ループ
0.7
0.5
ループ　ループ
ボーン　表身頃（表）　ボーン

ボーンを身頃脇の縫い代につける
表身頃（裏）

裏身頃（裏）

フリル
0.5

裏身頃（表）

肩ひもの作り方
パールブレード
0.7 → 0.7
共布　端を折り込む
0.5に折ってステッチをかける
パールブレードを縫いつける
Zかんをつける

まとめ方
0.5
ハンガーに合わせてリボンをつける

裾始末の方法
*46ページ参照
裏地
1
ホースヘアブレード
6

裏地
ホースヘアブレード
1
6

裏地にまつりつける
裏地

W † X

▽ 材料
<キャミソール>
・シルクサテン(表身頃、裏身頃)=92cm幅1.1m
・厚手接着芯(表身頃)=90cm幅70cm
・オープンファスナー=28cm/28cm/29cm/29cm1本
・ホック=1組み
<スカート>
・刺繍オーガンジー(1枚目オーバースカート)=125cm幅6m
・ポリエステルオーガンジー(2枚目オーバースカート)=120cm幅6m
・ポリエステルサテン(アンダースカート、ウエストベルト)=120cm幅5.9m
・1.5cm幅接着テープ
・コンシールファスナー=25cm1本
・接着インサイドベルト=3.5cm幅64cm/69cm/74cm/79cm
・ギャザリングテープ=1.5cm幅3.5m
・前かん=2組み

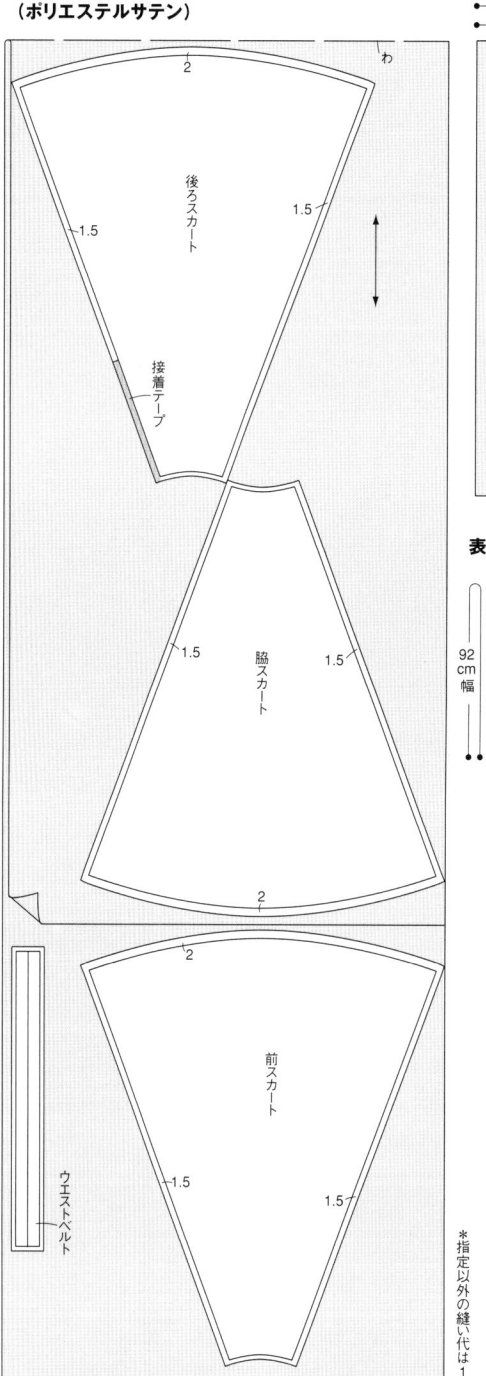

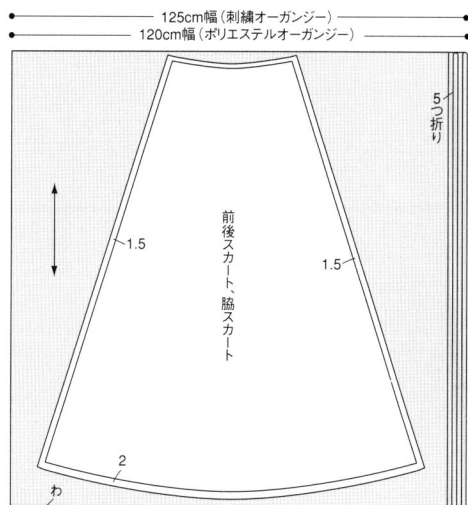

▽ 縫い方順序
<キャミソール>
① 表身頃、裏身頃それぞれの切替えを縫う
② 肩ひもを作る
③ 裏身頃をつける
④ ファスナーをつける
⑤ ホックをつける
<スカート>
① アンダースカートの後ろ中心を縫う
② アンダースカートにファスナーをつける
③ アンダースカートをはぎ合わせる
④ アンダースカートの裾を仕上げる
⑤ オーバースカートを作る
⑥ アンダースカートとオーバースカート2枚を合わせてウエストベルトをつける
⑦ 前かんを2組みつける

▽ 作り方ポイント
<キャミソール>
・表身頃には芯をはる
・表身頃、裏身頃とも同じ形に仕立てる
・胸の切替え縫い代には1cm間隔くらいの切込みを入れると形よく仕上がる
・肩ひもは裏身頃をつけるときにはさむ
<スカート>
・アンダースカートのファスナーつけ部分の縫い代には接着テープをはる
・オーバースカートのウエスト縫い代には、ギャザリングテープをはる。ない場合は接着テープをはり、ギャザーミシンをかける
・オーバースカートは、はぎ合わせてから裾の始末をする
・オーバースカートの後ろ中心のあきはスリットあきにする
・オーバースカートはそれぞれウエストにギャザーを寄せてから、アンダースカートと合わせる

✂ 裁合せ図

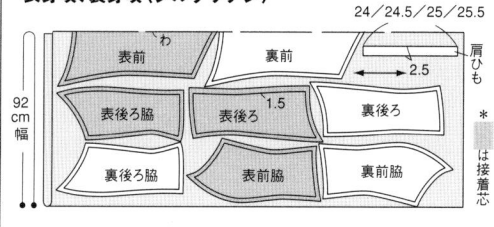

Wキャミソール

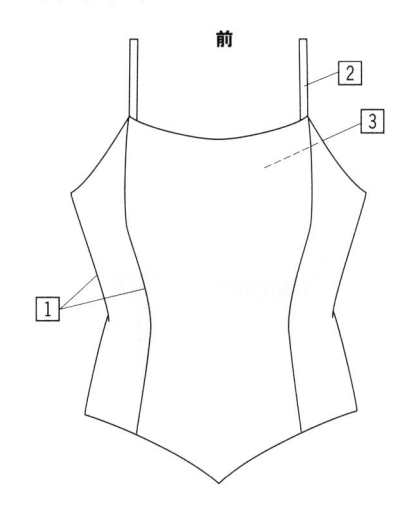

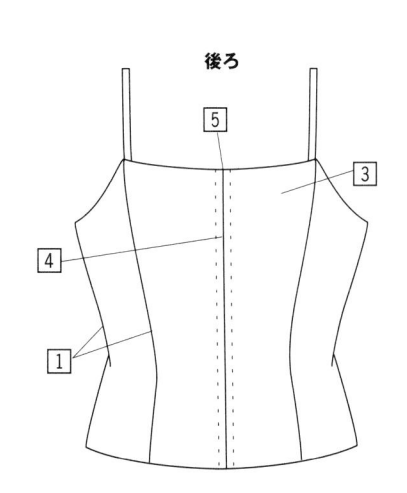

前

後ろ

身頃のはぎ方

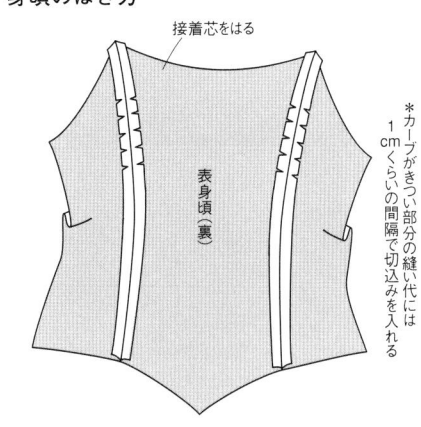

接着芯をはる

表身頃（裏）

＊カーブがきつい部分の縫い代には1cmくらいの間隔で切込みを入れる

肩ひもの作り方

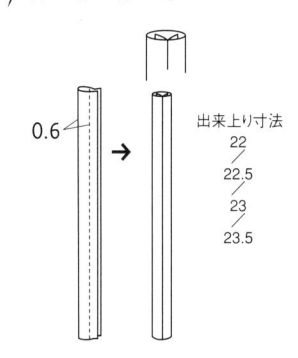

0.6

出来上り寸法
22
22.5
23
23.5

身頃の作り方

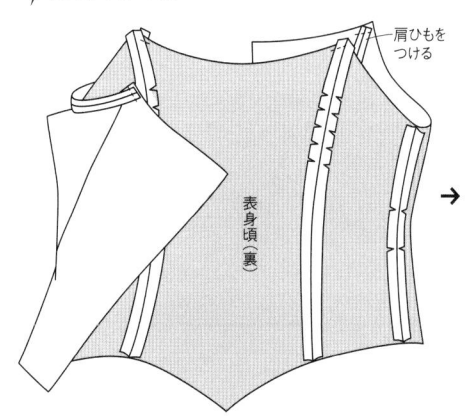

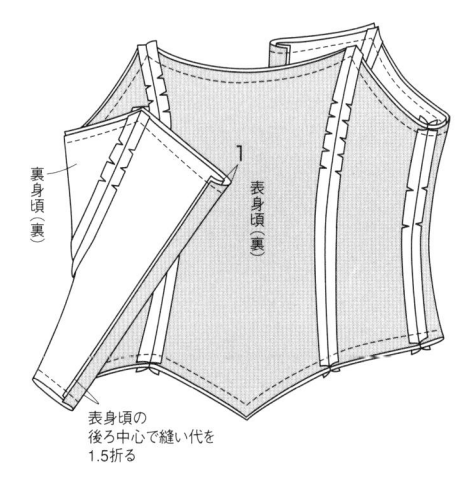

肩ひもをつける

表身頃（裏）

裏身頃（裏）

表身頃（裏）

表身頃の後ろ中心で縫い代を1.5折る

表身頃と裏身頃を合わせたところ

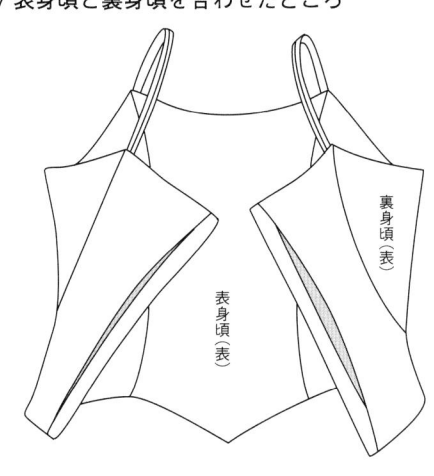

裏身頃（表）

表身頃（表）

ファスナーのつけ方

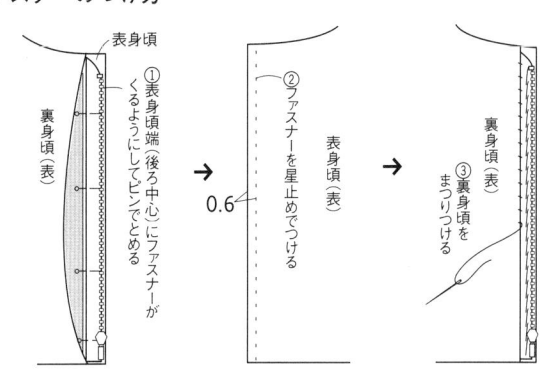

表身頃

裏身頃（表）

① 表身頃端（後ろ中心）にファスナーがくるようにしてピンでとめる

0.6

② ファスナーを星止めでつける

裏身頃（表）

表身頃（表）

③ 裏身頃をまつりつける

星止めの仕方

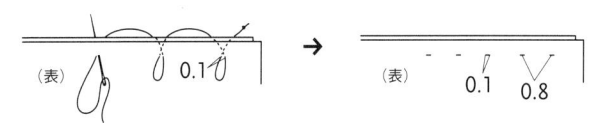

（表） 0.1

（表） 0.1 0.8

Xスカート

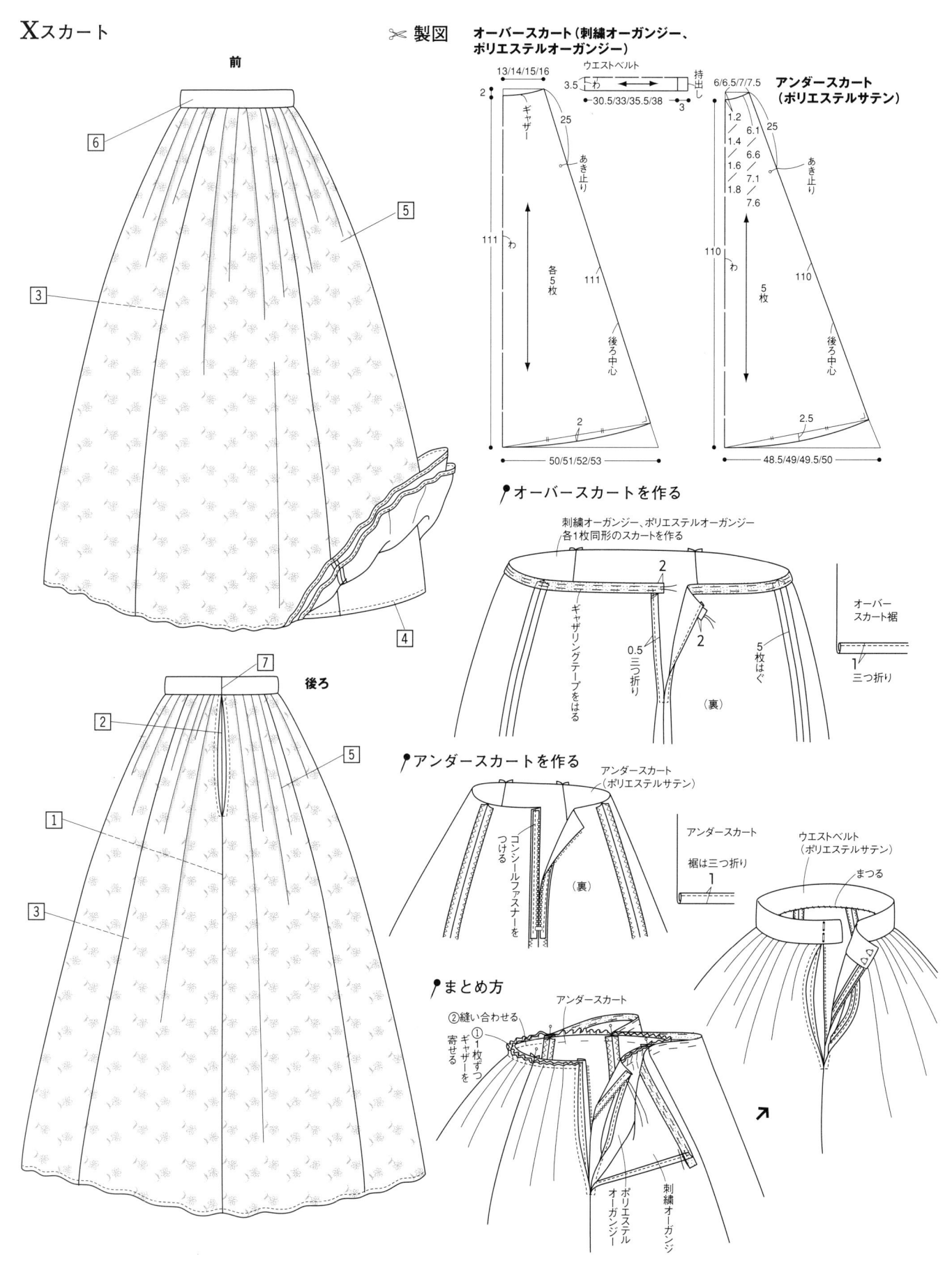

前

製図 オーバースカート（刺繍オーガンジー、ポリエステルオーガンジー）

ウエストベルト：3.5 / わ / 30.5/33/35.5/38 / 持出し 3

オーバースカート寸法：
- 上部幅 13/14/15/16
- 2
- ギャザー 25
- あき止り
- 111 わ / 各5枚 / 後ろ中心
- 裾 2
- 下部幅 50/51/52/53

アンダースカート（ポリエステルサテン）

- 上部 6/6.5/7/7.5
- 1.2/1.4/1.6/1.8
- 6.1/6.6/7.1/7.6
- 25
- あき止り
- 110 わ / 5枚 / 後ろ中心 / 110
- 2.5
- 下部 48.5/49/49.5/50

オーバースカートを作る

刺繍オーガンジー、ポリエステルオーガンジー 各1枚同形のスカートを作る

ギャザーリングテープをはる / 2 / 0.5 三つ折り / 2 / 5枚はぐ（裏）

オーバースカート裾：三つ折り 1

アンダースカートを作る

アンダースカート（ポリエステルサテン）

コンシールファスナーをつける（裏）

アンダースカート裾は三つ折り 1

ウエストベルト（ポリエステルサテン）／まつる

まとめ方

①1枚ずつギャザーを寄せる
②縫い合わせる

アンダースカート／ポリエステルオーガンジー／刺繍オーガンジー

後ろ

リングクッション

▽ 材料
- シルクシャンタン＝20×20cmを2枚
- リボン＝1cm幅1.8m
- 手芸わた＝適宜

ガーターベルト

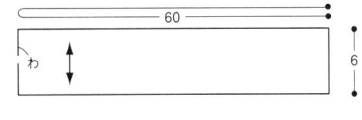

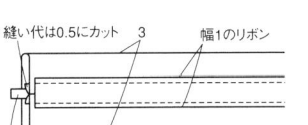

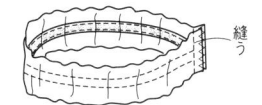

▽ 材料（1個分）
- シルクシャンタン＝8×62cm
- リボン＝1cm幅62cm
- ゴムテープ＝8コール50cm

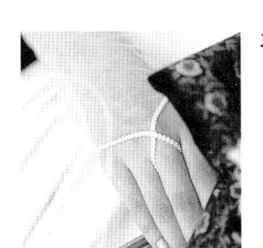

手袋

▽ 材料
- ソフトチュール＝45×52cm
- コード＝0.3cm幅80cm

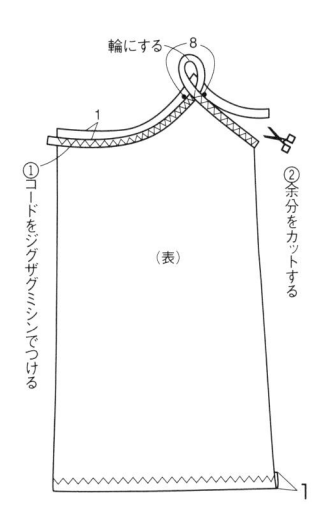

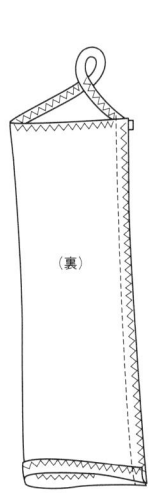

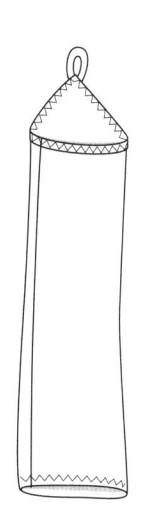

パニエ

▽ 材料
- ナイロンシャー(ヨーク、土台スカート)＝110cm幅1.6m
- ハードチュール(フリル)＝116cm幅 10.2m/10.6m/11m/11.4m
- ゴムテープ＝3cm幅をウエスト寸法＋2cm
- Zかん＝内径3cm1個

▽ 縫い方順序
1. 土台スカートを作る
2. ヨークにフリルAをつける
3. ヨークのあきを仕上げる
4. 土台スカートにフリルB、フリルCをつける
5. ウエストにゴムテープをつける
6. ゴムテープ端を始末して片方にはZかんをつける

▽ 作り方ポイント
- フリルの裾は裁切りのままにする
- フリルB、Cをつけた土台スカートとフリルAをつけたヨークを合わせ、ウエストをミシンで縫い合わせておくと、ゴムテープがつけやすい
- ウエストのゴムテープは均等に伸ばしながらジグザグミシンでつける
- パニエが長い場合は裾を切って調節する

製図

ヨーク、土台スカート

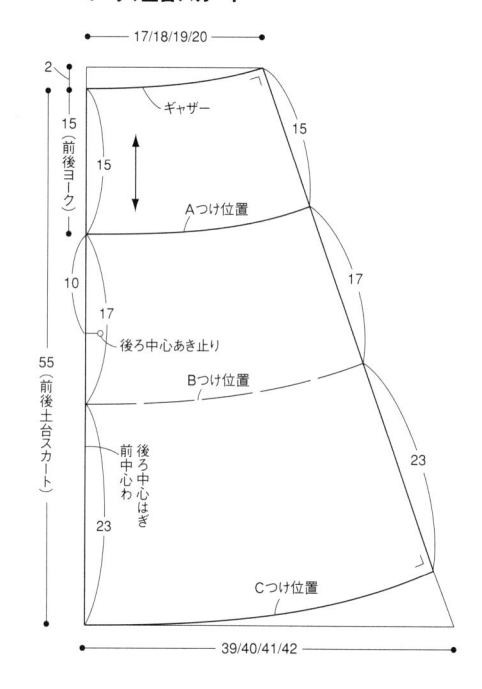

フリル

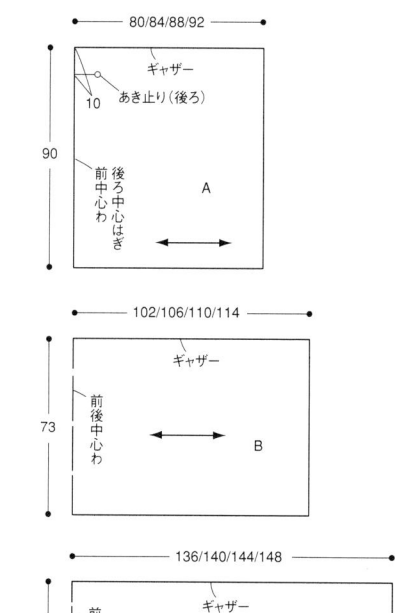

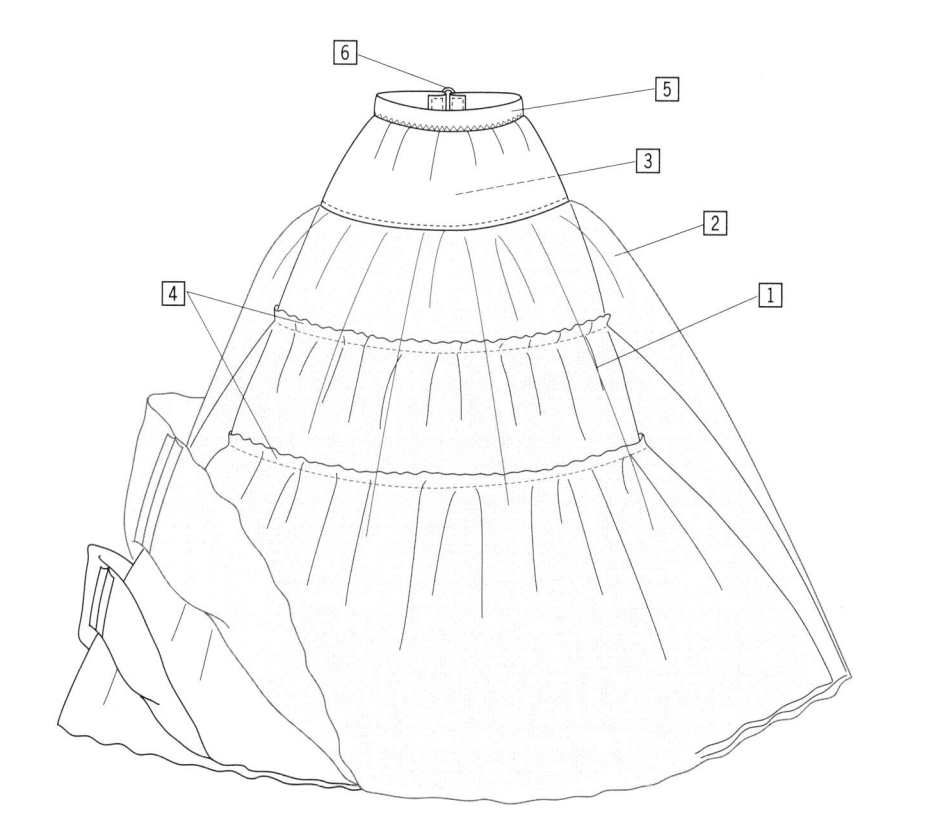

土台スカートにフリルをつける

土台スカート（ナイロンシャー）
二つ折りにしてステッチ
フリルB（ハードチュール）
フリルC（ハードチュール）
ハードチュールもナイロンシャーも裁切り

ウエストベルトの作り方

Zかんをはさんでステッチ
ステッチ
長さ ウエスト寸法−4
ゴムテープ

ヨークにフリルAをつける

ヨーク（ナイロンシャー）
フリルA（ハードチュール）
裁切り

スカートの重ね方

土台（ナイロンシャー）
パニエ丈 105
32
23
A
B
C

2枚のスカートを重ねる

土台スカート
ヨーク
A
B
C

ウエストベルトのつけ方

ゴムテープを伸ばしながらつける
Zかんをはさむ
3
1

shop紹介

♪ オカダヤ

新宿東口、アルタの近くにある手芸材料と布地、副素材、ニットの専門店です。特にソーイング用の副素材はほとんどそろいます。布地は生地館のフロアごとに、カジュアルなものからウール、ドレス用、舞台用などに分けられています。ウェディング用布地フロアには、レースや刺繍布が豊富に並んでいます。もちろんチュール、サテン、オーガンジーなどドレスに欠かせない素材も生地館でそろいます。本館のほうはリボンや芯、ファスナー、ボーン、ホースヘアブレードなど副素材がそろっています。2階では本書で使用したパニエやトーク、ヘアバンド、手袋などウェディング用の既製品を扱っています。品切れでないかぎり、ここで使用の素材やパニエは電話注文ができます

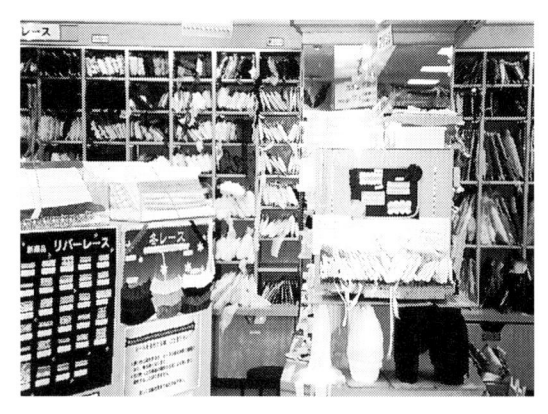

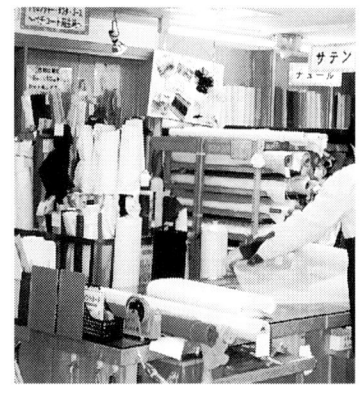

★本店：東京都新宿区新宿3-23-17
tel.03-3352-5411　fax.03-3352-5410
営業時間：10：30〜20：30　定休日：第3日曜日

♪ ユザワヤ

ソーイング、ニット、刺繍、パッチワークなど手芸関係はもちろんのこと、インテリア、織物、工芸、絵画まであらゆる手作りの材料がそろうお店。布地はカジュアルなものからこの本にご紹介したウェディング用まで、いろいろな種類のものが手に入ります。蒲田店のウェディング用布地コーナーには、レース、シルク、刺繍布など手作り心をくすぐる布地が並んでいます。オーガンジーやチュール、ポリエステルサテン、アートフラワー、テープなど組み合わせて使う素材もそろいます。ウェディング用の下着や手袋の既製品も扱っています。ここで使用の素材や下着は品切れでないかぎり電話注文ができます

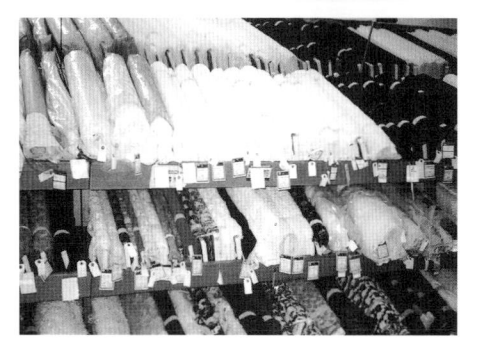

★蒲田店：東京都大田区西蒲田8-23-5
tel.03-3734-4141　fax.03-3730-8686
営業時間：10：00〜20：00
★吉祥寺店：東京都武蔵野市吉祥寺南町2-1-25
tel.0422-79-4141　営業時間：10：00〜21：00
浦和店：さいたま市浦和区東高砂町11-1
tel.048-834-4141　営業時間：10：00〜21：00
★大和店：神奈川県大和市大和東1-2-1
tel.046-264-4141　営業時間：10：00〜20：00
★津田沼店：千葉県習志野市谷津7-7-1
tel.047-474-4141　営業時間：10：00〜21：00
★神戸店：神戸市中央区三宮町1-3-26
tel.078-393-4141　営業時間：10：00〜20：00

孝富

ホームソーイング用の布地からオートクチュール向きの輸入布地まで、幅広く扱っている布地専門店。ウェディング用布地は小さなコーナーながらレースやシルク、豪華な刺繍布など、輸入物を含め厳選されたものがそろっています。スカートからパーティドレスまでオーダーもできます。本書で使用した布は品切れでないかぎり電話注文ができます。

東京都中央区日本橋馬喰町1-6-6
tel.03-3663-3151
営業時間：10：00～18：00（平日）
10：00～17：00（日、祭日）

K's club

今回写真に登場しているブライダルブーケは、すべてK's club(ケーズクラブ)の福島かすみさんデザインによるもの。K's clubではドレスのデザインに合わせてブーケをオーダーできます。また、「花あしらい教室」も東京の代官山、奈良、大阪のヒルトンプラザで開催しています。

東京都渋谷区恵比寿西1-32-29　代官山風の館101
tel.03-3496-5016
営業時間：11：00～20：00

月居良子（つきおり・よしこ）
赤ちゃん服から婦人服、小物作りまで
得意分野は広く、
様々な雑誌で作品を発表している。
著書は『フォーマル＆リトルブラックドレス』
『かんたんに作れる、一年中のはおりもの』
（文化出版局）など多数。

ブックデザイン／若山嘉代子　L'espace
撮影／南雲保夫
ヘア、メーク／堀江里美
モデル／マリエスタ
トレース／day studio／satomi d.
パターントレース／鈴木京子
編集協力／室野明代

布地提供
★オカダヤ
東京都新宿区新宿3-23-17
tel.03-3352-5411
★孝富
東京都中央区日本橋馬喰町1-6-6
tel.03-3663-3151
★ユザワヤ　蒲田店
東京都大田区西蒲田8-23-5
tel.03-3734-4141

撮影協力
★キャメロットヒルズ
さいたま市北区別所町36-3
tel.048-661-6222
★K's club
東京都渋谷区恵比寿西1-32-29　代官山風の館101
tel.03-3496-5016

手作りドレスでウェディング

2004年5月2日　第1刷発行
2019年10月1日　第16刷発行

著　者　月居良子
発行者　濱田勝宏
発行所　学校法人文化学園 文化出版局
　　　　〒151-8524　東京都渋谷区代々木3-22-1
　　　　tel.03-3299-2489（編集）
　　　　tel.03-3299-2540（営業）
印刷・製本所　株式会社文化カラー印刷
©Yoshiko Tsukiori 2004 Printed in Japan
本書の写真、カット及び内容の無断転載を禁じます。

・本書のコピー、スキャン、デジタル化等の無断複製は著作権法上での例外を除き、禁じられています。本書を代行業者等の第三者に依頼してスキャンやデジタル化することは、たとえ個人や家庭内の利用でも著作権法違反になります。
・本書で紹介した作品の全部または一部を商品化、複製頒布、及びコンクールなどの応募作品として出品することは禁じられています。
・撮影状況や印刷により、作品の色は実物と多少異なる場合があります。ご了承下さい。

文化出版局のホームページ　http://books.bunka.ac.jp/